HAZ TUS SUEÑOS
REALIDAD

COLECCIÓN

AUTOAYUDA

HAZ TUS SUEÑOS REALIDAD

Sencillos pasos que cambiarán tu vida

PAMALA OSLIE

Neo Person

Título original: *Make Your Dreams Come True -*
Simple Steps for Changing the Beliefs That Limit You

Traducción: Miguel Iribarren

© Pamala Oslie, 1998
Publicado por acuerdo con Amber-Allen Publishing, Inc.,
San Rafael, California (EE.UU.)

De la presente edición en castellano:
© Neo Person, 1999
Alquimia, 6
28933 Móstoles (Madrid) - España
Tels.: 91 614 53 46 - 91 614 58 49
e-mail: alfaomega@sew.es - www.alfaomegadistribucion.com

Primera edición: mayo 2000

Depósito Legal: M. 18.111-2000
I.S.B.N.: 84-88066-65-1
Impreso en España por: Artes Gráficas COFÁS, S.A.

*Este libro está dedicado a las amorosas
y aventureras almas que somos.*

Amor, alegría y plenitud para todos...

Índice

Agradecimientos

Deseo expresar mi gratitud y aprecio a mi familia y a mis amigos, una prolongación de mi familia. Espero que sepáis todo lo que significáis para mí y lo mucho que os quiero. Parte de quien soy la debo a vosotros, al amor y al apoyo que me dais. Las meras palabras no podrían expresar cuánto valoro a cada uno de vosotros. Estoy muy contenta de que hayamos elegido compartir esta aventura, ¡sin vosotros habría sido mucho menos divertida! Gracias de nuevo por ser quienes sois. Os quiero ahora y siempre desde el fondo de mi corazón.

Introducción

Como muchas otras personas que conozco, he pasado la vida buscando «la verdad». Quería encontrar respuestas a las preguntas más difíciles: ¿Quiénes somos? ¿Quién o qué es Dios? ¿De qué va la vida? ¿Cómo puedo encontrar y sentir el amor verdadero? ¿Puedo alcanzar la plena realización y la felicidad en esta vida? ¿Puedo tener todo lo que mi corazón desea? En el fondo, creía que podía encontrar las respuestas; también pensaba que serían simples pero profundas.

Aunque me veía atrapada en la rutina diaria del trabajo, las tareas domésticas y en tratar de construir una relación plena de significado, nunca abandoné mi búsqueda de respuestas a los misterios más profundos de la vida. Me sumergí en innumerables teorías e ideas sobre el amor, la vida, Dios, quiénes somos y cuál es nuestro sitio en el gran esquema de las cosas. Estudié las obras de los grandes filósofos, maestros espirituales, preclaros científicos, físicos, médicos y otras «autoridades» de todo el mundo.

Los científicos, biólogos y médicos occidentales me enseñaron que soy un organismo físico con ciertas capacidades biológicas. La ciencia me enseñó que mi cerebro controla las funciones de mi cuerpo, mi personalidad y mis procesos de pensamiento; y también que con el tiempo envejecería, moriría y dejaría de existir.

La religión me enseñó que tenía un cuerpo que un día volvería al polvo de la tierra, pero que también tenía un alma. Llegado el momento, mi alma pasaría la eternidad en el cielo a los pies de Dios o se quemaría eternamente en el fuego del infierno. Mi suerte dependía totalmente de si era una buena o mala chica y de si creía y aceptaba lo que la religión me enseñaba.

La sociedad me enseñó que para gustar y ser aceptada por los demás había de presentar cierta apariencia. Para encajar y ser una persona valiosa tenía que trabajar en empleos socialmente aceptables. También me enseñó que debía estar casada antes de cierta edad si no quería que se me considerase rara o que me dijeran que era una «solterona».

Cada vez que la sociedad me obligaba a entrar en unos límites estrictos para encajar en sus definiciones de lo que es normal y aceptable, mi reacción inmediata era la rebeldía. En lo más hondo de mí había un grito de libertad, como si supiera intuitivamente que hay un poder ilimitado y creativo en nosotros que está esperando a ser reconocido. Este conocimiento interno y mi deseo natural de tener experiencias de vida más expansivas y plenas me condujeron a encontrar respuestas más elevadas.

Lo que descubrí cambió mi vida dramáticamente. ¡Descubrí que somos mucho más poderosos y creativos de lo que se nos ha enseñado a creer! Somos seres ilimitados, somos los maestros de nuestro propio destino. Hay algo mágico y misterioso en nosotros, algo grande y magnífico: creamos nuestras propias experiencias a través del poder de nuestros pensamientos, sentimientos y creencias. Nuestra capacidad de crear lo que queremos sólo está limitada por nuestra imaginación y por la creencia de que somos limitados. A menudo se nos enseña a creer que nuestras vivencias son la vida misma; por eso ni siquiera consideramos que nuestra experiencia es sólo una versión de la vida, ni pensamos en lo que la vida *podría* ser si abriéramos nuestra mente a otras posibilidades.

A medida que iba practicando las teorías y métodos que había descubierto, empecé a entrar en contacto con mi verdadero poder interno. Mi vida se transformó completamente; se hizo más llevadera, más plena y mucho más divertida. Aunque no siempre pongo en práctica los principios aprendidos, siempre soy *consciente* de ellos y mi vida sigue mejorando día a día. Como entiendo que mis pensamientos, sentimientos y creencias dan forma a mis experiencias, puedo elegir crear una relación amorosa, un flujo continuo de abundancia, libertad para viajar, mi propio negocio floreciente, una casa preciosa en el lugar de mis sueños, grandes amigos, una salud excelente..., básicamente todo lo que siempre he deseado.

Entre los principios que he elegido seguir en mi vida actual se incluyen los siguientes:

1) Somos seres poderosos y nuestro poder creativo es ilimitado. Tenemos la capacidad innata de crear nuestra experiencia a través del poder de nuestras creencias, pensamientos y sentimientos.

2) Tenemos libre albedrío. Podemos elegir nuestras creencias y cambiar nuestra realidad; podemos crear lo que deseemos.

3) Limitamos nuestra capacidad de crear lo que deseamos limitando la percepción de nuestras posibilidades. Si afirmamos repetidamente nuestra creencia en las limitaciones, seguiremos estando sujetos a ellas. Cuando empezamos a afirmar que somos ilimitados, comenzamos a percibir y experimentar nuevas libertades.

Todo lo que hay en nuestra vida se origina dentro de nosotros. Creamos o atraemos hacia nosotros cada experiencia y a cada persona de nuestra vida. Esta idea puede atemorizarnos o alterarnos hasta que descubrimos la verdadera libertad y el poder que residen en ella. Sabiendo que somos los creadores de nuestra experiencia, llegamos a darnos cuenta de que podemos cambiarla si no estamos contentos con nuestras creaciones.

Creo que la vida es una aventura creativa y que no hay

formas buenas ni malas de vivirla. Apoyo tu elección de creer lo que quieras creer. También creo que nos hacemos la vida más difícil cuando aceptamos las creencias derrotistas, limitadoras y autocríticas.

Este libro está diseñado para ayudarte a entrar en contacto con tus creencias y descubrir cómo afectan a tu vida. En él encontrarás diversos juegos y procesos diseñados para llevar a cabo esta exploración. También se revelará el origen de tus creencias y aprenderás métodos para descartar las que, por estar basadas en el miedo, son inútiles, limitadas y provocan situaciones y circunstancias desagradables en tu vida.

Puedes crear la vida de tus sueños. Mi deseo sincero es ayudarte a comprender el profundo proceso de la creación para que puedas construir una vida mágica, alegre y plena.

PARTE UNO

El poder
de las creencias

CAPÍTULO UNO

Tu verdadero poder creativo

«No puedes ver el viento directamente, sólo ves sus efectos. El mismo principio es aplicable a los pensamientos: tienen poder, igual que el viento, pero sólo puedes ver los efectos de sus acciones.»

«SETH», JANE ROBERTS, *The Way Toward Health*

LA MAYORÍA DE NOSOTROS nunca nos detenemos a cuestionar lo que se nos ha enseñado sobre la vida. Quizá no se nos haya ocurrido que nuestros pensamientos y creencias son simplemente eso: *creencias* sobre la vida y no necesariamente *la verdad*. Puede que nunca examinemos ni dudemos de nuestras creencias porque estamos tan acostumbrados a la forma que ha tomado nuestra vida que no miramos más allá de nuestras percepciones habituales y aceptamos lo que se nos ha enseñado como la única realidad posible.

Muchas veces nos sentimos atrapados en situaciones desagradables. Convivimos con todo tipo de circunstancias que desearíamos cambiar, pero no nos creemos capaces de hacerlo. Tendemos a creer, a pesar de nuestros anhelos y deseos más profundos, que nuestras actuales circunstancias son las únicas posibles, que la vida es así.

Dentro de cada uno de nosotros hay una fuerza poderosa y creativa. Este poder creativo fluye a través de nosotros y a nuestro alrededor formando todas las cosas y objetos del mundo, tanto los visibles como los invisibles. También es responsable de la manifestación de nuestros deseos. Nuestros pensamientos y creencias presentan imágenes a esta fuerza interna y entonces comienzan a producirse coincidencias interesantes, sorprendentes sincronismos que tienden a dar forma física a nuestra imágenes internas. Cualquier energía que enviemos al mundo acaba siéndonos devuelta. Nuestras creaciones son hijas de nuestras creencias.

Cuando nos adherimos a los pensamientos y creencias que nos limitan, reducimos lo que la fuerza creativa pone a nuestra disposición. También ponemos obstáculos a la magia natural y espontánea de esta fuerza cuando no tomamos conciencia de nuestro vínculo con ella. Entonces la vida se convierte en una lucha en lugar de ser una experiencia mágica.

Podemos aprender a actualizar nuestro pleno potencial y a vivir en la conciencia de nuestro poder interno. Por supuesto que también podemos elegir ignorar este poder o creer que no existe. Utilicemos este poder consciente o inconscientemente, siempre somos responsables de la creación de nuestra experiencia. Como nuestra vida es un reflejo de nuestras creencias, si éstas nos limitan o están basadas en el miedo, entonces nuestras experiencias serán limitadas y estarán mediatizadas por el miedo.

Puede que ni siquiera seamos conscientes de algunas de nuestras creencias. Imagina un vaso de agua con sedimentos en su base. Cuando miras el agua parece limpia y clara, pero cuando la pruebas tiene un sabor amargo y metálico. Si remueves el agua, los sedimentos se elevan y puedes ver las impurezas que producen su mal sabor. Una vez vista la causa del problema, puedes elegir limpiar las impurezas y recuperar el buen sabor del agua. Cuando miras a tu vida, ¿estás dispuesto a remover los «sedimentos» o creencias limitadoras que han hecho que tus experiencias en la vida no haya sido demasiado agradables?

Empecemos por echar una ojeada a las preguntas siguientes:

¿Crees que tienes poco o ningún control sobre tu destino o, por el contrario, piensas que dispones de un dominio absoluto sobre tu propia vida?

¿Sueles sentirte como una víctima de las circunstancias, de la sociedad y de la gente, o crees que dispones de libre albedrío y que puedes realizar elecciones creativas?

¿Ves de qué modo eres responsable de la creación de tus experiencias de vida, o crees que las responsables son fuerzas que escapan completamente a tu control?

Algunas personas creen que pueden curar sus propios cuerpos. Otras creen que están a merced de enfermedades, gérmenes y bacterias, y que disponen de pocas o ninguna defensa ante el ataque de dichos organismos.

Algunos creen que pueden generar riqueza fácilmente y vivir en la abundancia. Otros se creen destinados a ser pobres o a vivir como víctimas indefensas de una sociedad marcada por el desempleo.

Hay quien cree que es fácil conocer a otra persona y enamorarse. Otros creen que no tienen ningún control sobre su vida amorosa.

Estas diferencias en la experiencia de la gente dependen de sus creencias sobre la vida. ¿De cuánto poder creativo dispones? Observa el gráfico siguiente y señala el lugar que mejor describa el poder que crees tener para crearte una vida a tu gusto.

Tengo un 0 por 100 de poder creativo	Tengo un 100 por 100 de poder creativo

¿Te sientes responsable de algunos de los sucesos y experiencias de tu vida aunque no de todos? Si es así, ¿dónde trazas la línea y por qué la trazas ahí?

El lugar donde trazamos la línea entre la falta de poder creativo y el poder ilimitado depende de nuestras creencias sobre la realidad en general y de hasta qué punto nos sentimos seguros ante la idea de ser poderosos. La mayoría de la gente se sitúa en un lugar intermedio.

Yo creo que tenemos un 100 por 100 de poder creativo y que lo limitamos porque nos da miedo. Negamos nuestras verdaderas capacidades porque no confiamos en nosotros mismos. Se nos ha hecho creer que podemos abusar del poder o cometer errores y esta creencia suele estar basada en otra: la de que somos esencialmente malos, débiles, estúpidos o pecaminosos. Como no confiamos en nosotros mismos, limitamos nuestra capacidad de crearnos la vida que soñamos. Además, al creernos inadecuados, solemos vivir en constante tensión y preocupación por el futuro ya que no somos lo suficientemente capaces o inteligentes para prepararnos adecuadamente en el presente. Cuando abandonemos nuestros juicios autocríticos, cuando aprendamos a confiar en nosotros mismos y en nuestra voz interna, ya no necesitaremos reprimir nuestro verdadero poder.

EL PODER DE ELEGIR

Cualquier idea que aceptes como verdad se convierte en una creencia. Las creencias determinan nuestras expectativas y emociones, que más tarde conformarán nuestras acciones y experiencias. Los pensamientos reforzados y repetidos a diario se convierten en la base del comportamiento repetitivo que produce los mismos resultados una y otra vez.

Tu vida es la viva imagen de tus creencias. No siempre conseguirás lo que desees, pero lo que consigas vendrá determinado por lo que creas. Si quieres conocer tus creencias, echa una mirada objetiva a tu propia vida. Si tu vida está llena de salud, amor y felicidad, tus creencias están siendo operativas. Si tu vida está llena de frustración, depresión, carencia o lucha, tus creencias están actuando en tu contra.

Ya es hora de que vayamos más allá del «victimismo» y nos hagamos responsables de nuestras vidas. Ya es hora de que nos demos cuenta de que no estamos a merced de lo que nos sucede. No pretendo ser crítica ni ruda con las personas que viven situaciones penosas, sino hacerles entender que, con la misma facilidad que se crean problemas existenciales, pueden crearse situaciones donde abunde el amor, la paz, la salud, la abundancia y la armonía.

No tenemos por qué criticarnos por las penurias y dificultades que sufrimos. Basta con que reconozcamos nuestra participación en la creación de tales condiciones y elijamos crear algo mejor. Cuanto más conscientes seamos de nuestras habilidades creativas, más claramente sabremos que nuestras posibilidades de elección son ilimitadas. Si no somos conscientes de nuestro poder creativo, parecerá que no tenemos alternativa, que estamos a merced de circunstancias que escapan a nuestro control.

Tenemos el poder de elegir lo que pensamos y por tanto lo que creamos. Podemos elegir pensar en nuestros problemas y miedos, o podemos elegir pensar en nuestras alegrías y bendiciones. Podemos elegir pensar en las razones que tenemos para ser felices o en razones para ser desgraciados. Además, somos nosotros mismos los que subjetivamente asignamos valor y significado a los distintos sucesos y circunstancias. Decidimos lo que nos hará felices, lo que nos pondrá tristes, lo que nos hará sentirnos enfadados o realizados. Si creemos que cierto suceso o situación nos hará felices, cuando ocurra ese suceso o situación nos sentiremos felices.

Algunos creen que el matrimonio les aporta una sensación de seguridad que les produce felicidad. Otros lo ven como una prisión, lo que les hace sentirse infelices. Unos creen que los niños son una fuente de alegría, calidez y comodidad que les aporta felicidad; otros los consideran una responsabilidad muy pesada que les hace desgraciados. Algunos creen que la vida debería estar llena de aventuras y emociones; quieren desafiar a la vida y explorar horizontes desconocidos. Otros quieren una vida de soledad y reflexión callada; prefieren una existencia segura y cómoda. Cada cual tiene una experiencia de la vida que le es propia y que es diferente a las demás; no hay dos personas que tengan las mismas creencias, deseos o perspectivas.

Si dedicas tiempo a examinar tus propios pensamientos y creencias, es probable que descubras ciertas ideas que te limitan o te ponen en aprietos. Puedes aprender a desligarte de los pensamientos autocríticos o temerosos y a confiar en ti mismo y en tu voz interna. Cuando eliminas los juicios negativos que te limitan, te liberas para expresar tu verdadero poder creativo.

Para poder cambiar las creencias que te limitan, primero debes tomar conciencia de ellas. Comienza por escuchar tu diálogo interno, ¿qué pensamientos repetitivos anidan en tu mente? ¿Son temerosos, preocupados y pesimistas o alegres, optimistas y entusiastas? Si prestas atención a tus pensamientos podrás descubrir tus creencias. No existen pensamientos profundos, oscuros e inaccesibles, encerrados para siempre en tu subconsciente. Puedes tener acceso a cada aspecto de tu mente con sólo aquietarte y escuchar.

Las emociones son otra clave importante de nuestras creencias porque siempre siguen al pensamiento. Si sientes ansiedad, preocupación, indefensión o depresión, éste es el primer indicador de que una creencia limitante te está dando problemas. Si estás triste o deprimido, pregúntate qué has estado pensando; a continuación, pregúntate qué creencias podrían ser responsables de generar esos pensamientos infelices.

La mayoría de nosotros permitimos que los viejos pensamientos de siempre vagabundeen sin rumbo por nuestra mente. Cada día tenemos miles de pensamientos idénticos a los que tuvimos ayer. Puedes tomar conciencia de lo que piensas y elegir tus pensamientos conscientemente o, por el contrario, puedes permitir que tu mente y emociones se desboquen, creando circunstancias desagradables en tu vida. Eligiendo conscientemente tus pensamientos y creencias puedes convertirte en el creador consciente de tu vida, en el maestro de tus creaciones.

CAPÍTULO 2

¿Los hechos o la verdad?

HEMOS BASADO LA MAYORÍA de nuestras creencias sobre la vida en ciertos «hechos» que nos han sido revelados por otros. Pero ¿podemos confiar en que esos «hechos» describan la realidad con precisión? Antiguamente se daba por hecho que la Tierra era plana. También se consideraba un hecho que la Tierra permanecía estacionaria y que eran el Sol y los demás planetas los que daban vueltas a su alrededor. Estas creencias universales afectaron la percepción que la gente tenía del universo y de su lugar dentro de él.

El descubrimiento de que la Tierra es redonda y da vueltas alrededor del Sol influyó sobre muchos otros «hechos» y creencias. Lo que antes se había considerado un hecho ya no podía aceptarse como verdad. Hubo un cambio de percepción que vino acompañado de todo un nuevo mundo de oportunidades, posibilidades y libertad.

Se nos ha enseñado que somos seres físicos limitados y que debemos vivir dentro de ciertos límites «realistas». Pero ¿podemos confiar en que la ciencia o cualquiera de las «realidades» aceptadas nos den una imagen verdadera de quiénes somos? La ciencia, la religión, la medicina y otras disciplinas siempre nos han propuesto ciertos «hechos» que supuestamente eran la única verdad. El problema es que, según estas mismas disciplinas, «los hechos» y «la verdad» están en perpetuo cambio.

La ciencia occidental, por ejemplo, pone a nuestra disposición innumerables «hechos» que prueban las limitaciones del cuerpo humano. Nos dice que nuestro cuerpo sólo es capaz de hacer ciertas cosas, aunque cada día vemos que la resistencia y la habilidad humana logran prodigios extraordinarios considerados previamente imposibles. Los atletas actuales corren más rápido, saltan más alto y levantan más peso de lo que nunca se creyó posible; cada día se baten récords mundiales, tanto en lo deportivo como en otras áreas de la actividad humana. ¿Cuáles son las verdaderas limitaciones del cuerpo humano?

Los informes sobre personas capaces de realizar esfuerzos anteriormente considerados «imposibles» son muy numerosos. Uno de ellos cuenta la historia de una mujer que fue capaz de levantar por sí sola un automóvil para liberar a su esposo después de que le hubiera fallado el gato y el coche se desplomara sobre él. ¿Quién lo hubiera creído posible? Estamos ampliando constantemente las ideas preconcebidas sobre nuestras posibilidades existenciales. Hay mucha gente que se cura espontáneamente de enfermedades consideradas «terminales» y vive una vida larga y saludable. Se nos ha dicho que curarnos de ciertas enfermedades era imposible, pero ¿con qué criterios juzgamos lo que es posible o imposible?

No supimos que había criaturas microscópicas hasta que se inventó el microscopio. No fuimos conscientes de la presencia de ciertas estrellas y planetas en el espacio hasta que se inventó el telescopio. No supimos que podíamos volar hasta que descubrimos los principios de la aerodinámica. ¿Cuántas otras cosas ignoramos porque aún no entendemos ciertos principios o porque no hemos descubierto determinados «hechos»? ¿Qué desconocemos de nosotros mismos porque aún no disponemos de la tecnología necesaria para descubrirlo? ¿Cuántas cosas escapan a nuestra comprensión actual porque no hemos permitido que nuestra conciencia se expanda, sueñe o imagine posibilidades que están más allá de lo que la ciencia, la psicología, la medicina o la religión nos han enseñado?

LA TORTUGA Y LA RANA

Había una vez una tortuga que salió de su hogar, en el fondo del mar, y fue caminando por la tierra hasta una laguna cercana. En la laguna encontró a una rana descansando sobre un lecho de lirios. La rana preguntó a la tortuga quién era y de dónde venía, y la tortuga le respondió que venía del gran océano. Como nunca había oído hablar de él, la rana pidió a la tortuga que le explicara qué era el océano y qué tamaño tenía. ¿Era tan grande como aquel lecho de lirios? «Mucho mayor», respondió la tortuga. ¿Era tan grande como la gran roca del centro del estanque? «Mucho mayor», respondió la tortuga. La tortuga explicó a la rana que el mar era una enorme extensión de agua, cientos de veces mayor que aquel estanque. La rana se enfadó y gritó a la tortuga: «¡Eres una impostora y una mentirosa!». No puede haber nada más grande que este estanque. He vivido en él toda mi vida, conozco cada centímetro de su terreno y ¡sé que no puede haber nada mayor! Con esto, la rana dio la espalda a la tortuga y se alejó nadando.

Quizá ya no deseemos seguir viviendo como la rana, confiando en que los «hechos» conocidos nos proporcionan una descripción fiable y precisa del potencial humano. Muy a menudo cerramos la mente a muchas cosas que aún no hemos experimentado, que no comprendemos o que no pueden ser probadas por los «expertos».

Es muy probable que, en un momento u otro, cada uno de nosotros haya sentido miedo y resistencias al cambio. El cambio puede parecernos terrorífico, nos sentimos mucho más seguros dentro de las fronteras que nos son familiares y bien conocidas. Las nuevas ideas nos causan a menudo confusión, miedo, desconfianza y caos. Cuando Galileo anunció que la Tierra da vueltas alrededor del Sol, sus coetáneos pensaron que aquélla era una afirmación blasfema y lo encarcelaron. La nueva información ponía en peligro el sistema de creencias de su tiempo e introducía el caos y el desorden en los esquemas mentales del momento.

En nuestros tiempos el ritmo de los cambios se ha acelerado dramáticamente. Lidiar con el cambio en nuestra vida personal suele resultar complicado; no hablemos ya de las dificultades que entrañan los cambios en la tecnología y en la conciencia global. Estamos inmersos en el proceso de aprender nuevos conceptos y expandir nuestras ideas sobre el mundo en que vivimos.

A medida que vamos entrando en un nivel de conciencia expandida, uno de los desafíos a los que nos enfrentamos es el de alcanzar una nueva comprensión de quiénes somos y de lo que somos capaces de hacer. Estamos descubriendo que somos mucho más que meras máquinas físicas limitadas por nuestras circunstancias y por el entorno.

Hay muchísimas cosas que no pueden explicarse a través de las «realidades» científicas largo tiempo aceptadas. Muchas personas experimentan telepatía, telequinesis, clarividencia, curaciones espontáneas, milagros inexplicados y experiencias cercanas a la muerte. Nuestros antiguos y limitados sistemas de creencias simplemente no pueden explicar estas experiencias. Tenemos que expandir nuestros conceptos y definiciones de quiénes somos y de lo que es realmente verdad para explicar estos sucesos misteriosos, milagrosos o mágicos.

NUESTRAS MENTES AFECTAN AL MUNDO FÍSICO

Los científicos han conseguido probar lo que los maestros espirituales y místicos han estado diciéndonos durante siglos: la vida consiste en una energía/conciencia que no puede ser destruida; la materia es una ilusión y nuestras mentes no sólo afectan al mundo físico, sino que en realidad lo crean. Si examinas tu propia mano en un microscopio podrás ver las células individuales que la componen. Si miraras todavía más de cerca cada una de las células con otro microscopio más potente, descubrirías que en la célula no hay nada sólido; está hecha de átomos rodeados de un enorme volumen de espacio vacío. Un examen más detallado del átomo nos mostraría todavía más espacio y algunas partículas subatómicas aún menores, llamadas quarks y bosones.

La física cuántica nos dice que somos campos de conciencia, energía e información en los que existen ondas de probabilidades, pero donde no hay nada sólido. Somos pura consciencia, pura energía en movimiento; ¡en realidad no somos materia física en absoluto! Otro descubrimiento asombroso es que cuando un observador centra su atención en uno de estos campos de energía, las partículas de luz vienen a la existencia. Literalmente creamos la aparición de la partícula de luz a través del proceso de percibirla. Este hecho sugiere decididamente que nuestras mentes no sólo afectan al mundo físico, sino que realmente ayudan a formarlo.

Para algunos de nosotros todo esto puede resultar difícil de aceptar porque durante siglos hemos explicado la realidad depositando nuestra confianza en los principios mecanicistas de la física y de la biología clásicas. Según la visión mecanicista de la vida, el cuerpo humano no es más que una mera máquina que ha hecho su aparición gracias a una serie de coincidencias que escapaban a los pronósticos más optimistas. Cuando la máquina envejece y se estropea, comienza a desintegrarse y con el tiempo deja de existir. Dentro de esta visión del mundo no caben el concepto de alma, de propósito humano o el aspecto inmortal de la vida. Se considera que la mente humana es un derivado de ciertos procesos químicos y biológicos en lugar de ser producto de un alma consciente.

Nuestra forma de vivir la vida no está a la altura de los últimos descubrimientos científicos. Seguimos percibiendo el mundo desde el viejo punto de vista mecanicista, basado en teorías desarrolladas hace cientos de años. Actualmente, la información revelada a través de la física cuántica es asombrosa. Si pudiéramos comprender sus implicaciones, nuestra manera de percibir la realidad y de vivir, la vida cambiaría drásticamente. Cuando realmente entendamos que somos los creadores del mundo en que vivimos, podremos asumir conscientemente nuestro poder interno para crear la vida de nuestros sueños.

Si hubieras estado vivo cuando los primeros exploradores del océano regresaron de su viaje y anunciaron que la Tierra era redonda, ¿te hubieras negado a creerlos por que no podían probarlo científicamente? ¿Te habría emocionado el descubrimiento y la posibilidad de salir a explorar el Nuevo Mundo por ti mismo? Las personas que en aquellos tiempos eligieron ir más allá de sus percepciones limitadas, lo hicieron a riesgo de perder sus vidas. Si vas más allá de tus creencias actuales, no pondrás tu vida en peligro, pero puede que la cambies para siempre.

¿Estás dispuesto a considerar que tus creencias sobre la realidad son sólo eso, *creencias* sobre la realidad y no necesariamente la verdad? ¿Estás dispuesto a explorar posibilidades existentes más allá de tu versión actual de la realidad? Considera por un momento la posibilidad de que eres el creador de todas tus experiencias de vida. Plantéate el desafío de abrirte a nuevas posibilidades. Al fin y al cabo, siempre puedes volver a la mentalidad que te es familiar.

PARTE II

Descubre tus creencias

CAPÍTULO 3

El origen de las creencias

«No puedes aprender sobre ti mismo estudiando lo que los demás esperan de ti, sino preguntándote a ti mismo lo que esperas de ti, y descubriendo por ti mismo dónde residen tus habilidades.»

«SETH», JANE ROBERTS, *The Way Toward Health*

LA MAYORÍA DE NUESTRAS creencias sobre la vida proceden de nuestros padres, profesores, sacerdotes, médicos y de otras figuras de autoridad que presidieron nuestra infancia y adolescencia. Dichas personas crecieron con las creencias recibidas de sus propias figuras de autoridad. A medida que ha ido pasando el tiempo, se ha demostrado que muchas de esas creencias están distorsionadas o no son verdaderas; sin embargo, han seguido siendo aceptadas sin cuestionamiento por las generaciones siguientes.

Imagina que estuvieras viviendo en el año 2500. Ya no quedan registros históricos porque fueron destruidos en el

2100, cuando una terrible tormenta cósmica borró todos los datos históricos que habían sido transferidos a discos de ordenador. Ahora imagina a un arqueólogo descubriendo un asentamiento del año 2000. Descubre una gran habitación con una hilera de compartimentos y dentro de cada uno de ellos hay un cuenco de porcelana aferrado al suelo. Existen pruebas de que dichos cuencos de porcelana contuvieron agua.

El arqueólogo, creyendo que los habitantes de aquellos tiempos estaban menos evolucionados que él, concluye que los compartimentos y los cuencos eran usados en ceremonias religiosas, posiblemente incluso en sacrificios. El hecho de encontrar tantos cuencos en un mismo lugar le lleva a creer que debe de tratarse de un templo religioso. Continúa investigando y descubre que cada hogar de aquellos antepasados contenía al menos uno de aquellos cuencos sagrados cuidadosamente colocado en una habitación diferente a las demás. Esto le conduce a creer que dicha práctica religiosa era muy común en la cultura de aquel tiempo y llega a una conclusión: habitaciones ceremoniales en lugar de cuartos de baño.

Este relato imaginario señala una cuestión importante: cuando se trata de figuras de autoridad, no siempre podemos confiar en lo que nos dicen. Tampoco podemos confiar plenamente en que nuestros libros de historia nos ofrecen descripciones precisas de las realidades históricas acaecidas en un momento dado. Raras veces están escritos

por personas que hayan experimentado los sucesos históricos de primera mano. Lo que aprendemos es la interpre-
tación que alguien hace de la percepción de otra persona
respecto a lo ocurrido. La verdad puede quedar completamente distorsionada.

Quizá haya llegado la hora de cuestionar las creencias
aceptadas, en especial cualquier creencia limitadora respecto
a nosotros mismos. Quizá haya llegado el momento de confiar en nuestra propia experiencia directa y en nuestro conocimiento interno en lugar de en las figuras de autoridad.

Las mismas autoridades que pretenden saber lo que es
mejor para nosotros a menudo están en desacuerdo entre
sí. Las teorías médicas respecto a las causas del cáncer
cambian casi a diario. Parece que ya no queda nada que se
pueda comer o hacer con plenas garantías de seguridad;
por eso debemos aprender a escuchar nuestra propia voz
interna y convertirnos en nuestra autoridad más fiable. Si
aprendemos a escuchar a nuestro yo interno, las autoridades externas —que en cualquier caso tienden a contrade-
cirse entre ellas— ya no nos sumirán en un estado de confusión.

CÍRCULOS CONCÉNTRICOS

Muchas de nuestra primeras creencias estaban destinadas a darnos una educación sobre la vida y a proteger-

nos del peligro para que pudiéramos vivir en sociedad y sobrevivir en el mundo. Reglas como: «No salgas a la calle, no vaya a ser que te atropelle un coche» o «no toques la cocina que te quemarás» tenían la intención de velar por nuestra supervivencia.

Desgraciadamente, a veces convertimos esas reglas en creencias que limitan la realidad. Observa el diagrama siguiente e imagina que estás en medio de los círculos concéntricos.

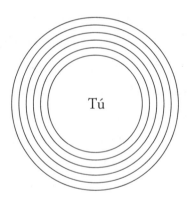

Cada círculo representa una creencia que te limita o te mantiene atrapado. El primer círculo pudo comenzar siendo una simple admonición: «No cruces la calle solo porque te podría pillar un coche». La mayoría de los adultos han superado la creencia de que no pueden cruzar la calle solos, pero es muy posible que no se den cuenta de que esa creencia subyacente ahora se ha convertido en: «La vida no es segura. Te puede ocurrir algo malo».

El segundo círculo puede haber empezado así: «No hagas eso, aún no tienes edad. Aún no tienes edad para usar la cocina, conducir un coche o vestirte por ti mismo». Estas admoniciones inocuas a menudo se traducen de esta otra forma: «Hay algo equivocado en mí. Aún no soy suficientemente capaz». El sentimiento de que «todavía no somos suficientemente capaces» crea a menudo adictos al trabajo y al éxito que tratan de demostrar que sí son por fin suficientemente capaces. También hace que la gente tenga miedo de intentar alcanzar sus sueños porque creen que nunca serán lo suficientemente buenos como para realizarlos.

El tercer círculo puede haber empezado de esta forma: «Si dices una mentira, si rompes algo, si no haces tus tareas, si no te comes la verdura o si me haces infeliz, entonces eres malo y ya no te querré más». La mayoría de los padres y adultos tienen buenas intenciones cuando dicen este tipo de cosas, pero la creencia a la que suelen dar lugar es: «Soy malo y, por tanto, indigno de amor».

Los padres y la sociedad también emplean premios y castigos para enseñarnos a comportarnos: «Si eres una buena chica podrás tomar postre. En cuanto acabes la tarea puedes salir a jugar. Si tocas eso te mando a tu habitación. Si me decepcionas o me haces enfadar, te retiraré mi amor». Los premios y castigos estaban originalmente destinados a actuar como incentivo con el fin de que aprendiéramos las reglas. Desgraciadamente, la mayoría de nosotros seguimos empleando estos métodos para cumplir los códigos. El viejo sistema de premios y castigos sigue limitando nuestras vidas y nuestro verdadero potencial. No nos permitiremos disfrutar de los premios mientras sigamos pensando que no somos suficientemente válidos: suficientemente listos, delgados, guapos, trabajadores, exitosos, ricos o agradables, etc. Si pensamos que somos malos, seguiremos castigándonos. A menudo esta actitud incluye negarnos algo que verdaderamente deseamos o necesitamos, como el amor. Nuestro diálogo interno suele ser autocrítico, degradante y castigador. Creemos que si seguimos las reglas y cumplimos con las expectativas de los demás, nos sentiremos seguros y seremos amados y aceptados. Para liberarnos y poder vivir nuestro verdadero potencial, debemos abandonar todas las autocríticas basadas en el miedo que nos dicen que somos malos o que no valemos lo suficiente.

Muchos de los problemas del mundo son consecuencia de que las personas creen que son básicamente malas o que no son lo suficientemente buenas. La gente que se cree mala tiende a actuar con maldad. La gente que roba dinero a los demás no cree que es lo suficientemente poderosa, lista, o capaz para hacer dinero por sí misma. Los que tratan de controlar, manipular o dominar a los demás son los que creen que no son lo suficientemente buenos para recibir amor y respeto de manera natural. La gente que más insiste en que los demás estén de acuerdo con los valores que ellos defienden son los que temen estar equivocados. Las personas que actúan de la manera más arrogante y ensimismada suelen ser las que se sienten más inseguras y temerosas en su interior.

La gente que cree que no es lo suficientemente despierta o capaz para saber qué hacer, generalmente renuncia a su poder y conocimiento. Son personas que esperan que los demás cuiden de ellas o que les resuelvan los problemas; también tienden a culpar a los demás cuando las cosas no funcionan. Los que no confían ni creen en sí mismos no realizan sus sueños ni despliegan su potencial.

Las personas que creen en su valía inherente y piensan que pueden hacer las cosas por sí mismas, irán más allá de sus circunstancias y lograrán el éxito a pesar de sus discapacidades físicas o mentales. La mayoría de los que consiguen el éxito se han criado creyendo que podían lograr cualquier cosa que se propusieran.

MUROS Y FRONTERAS PROTECTORES

Vuelve a mirar a tu imagen en el centro de los círculos concéntricos. Cada círculo representa una creencia limitadora, sobre ti mismo o sobre la vida en general, que estaba destinada a protegerte. Ahora puede que creas que si te quedas dentro de los límites de esas paredes protectoras estarás seguro. Si tratas de abrir o pones en cuestión esos muros protectores es probable que tus miedos salgan a la superficie. Puede que tengas que transcenderlos e ir más allá de ellos si quieres cambiar tu vida o vivir tus sueños.

Imagínate de niño sentado en el jardín frente a tu casa. Tu madre te ha dicho que no salgas a la calle porque te podrías hacer daño. Mientras estás jugando en la seguridad del jardín todo va sobre ruedas, pero pronto te cansas de ese entorno, que ya no te satisface. Cuando empiezas a salir hacia la acera, tu madre eleva la voz: «Te he dicho que te quedes en el jardín», y cuando te acercas a la calzada se pone frenética: «¡Te he dicho que no! ¡Entra ahora mismo en casa!». Pero, en realidad, el mensaje se traduce de la siguiente manera: si vas más allá de los límites seguros acabarás malparado.

Cuando comiences a cuestionar las creencias limitandoras que te han mantenido seguro dentro de tus límites conocidos, tu voz interna empezará a gritarte. Tus hábitos de comportamiento protector surgirán en cuanto te veas amenazado. Quizá descubras que te sientes iracundo, confuso, nervioso, ansioso, frustrado, deprimido o encerrado en tí mismo, que tienes ganas de discutir, gritar o salir huyendo, de buscar distracciones o de ponerte de acuerdo contigo mismo para no seguir adelante. Algunas frases del tipo «sí, pero...» o «tengo que enfrentar la realidad...» suelen acompañar a tus creencias limitadoras. «Sí, pero la vida es dura. Sí, pero no soy lo suficientemente listo. Tengo que afrontar la realidad; no tengo dinero.»

Si surge cualquiera de estas pautas de comportamiento durante la lectura de este libro es porque uno de tus muros protectores se ha visto alterado y alguna de tus creencias está amenazada. Si te ocurre algo así, trata de tomártelo como una oportunidad de superar tu resistencia y de identificar la creencia que ha sido puesta en cuestión.

La mayoría de la gente se siente muy molesta cuando algo amenaza sus creencias. Lo típico es mostrar un comportamiento protector y dar la vuelta para quedarnos cómodamente en territorio conocido. En este punto es donde puedes elegir identificar la creencia que te limita e ir más allá de ella, o retroceder y seguir con tu vida tal como ha sido hasta ahora. Si sigues haciendo lo que siempre has hecho, es evidente que tu vida seguirá siendo como es ahora. Es una locura seguir haciendo lo mismo una y otra vez y esperar resultados diferentes. Si eres feliz con tu vida tal como es, sigue así, pero si eres desgraciado, puede que haya llegado el momento de rebasar los límites.

Por ejemplo, tal vez creas que si te expresas y dices lo que piensas, los demás te rechazarán y abandonarán. Por tanto, para estar seguro dentro de tu zona de comodidad, reprimes tus sentimientos. Éste es tu patrón protector. Si sigues manteniendo tal creencia seguirás reprimiéndote y, aunque finalmente tengas el valor de expresarte, la gente te abandonará porque crees que eso es lo que va a ocurrir.

Lo primero que tienes que cambiar es la creencia de que si te expresas la gente te abandonará. Empieza tomando conciencia de que tal vez no *todo el mundo* te abandone. A continuación debes ir más allá de tu patrón de comportamiento protector. Debes negarte a reprimir lo que sientes. Si evitas abandonarte e infravalorarte, acabarás experimentando el apoyo de los demás cuando te expreses. Si no cambias de creencia y sólo tratas de cambiar tus circunstancias externas, estarás luchando contra tus propios muros invisibles.

EL COMPORTAMIENTO CONDICIONADO

Para demostrar cómo funciona el comportamiento condicionado se tomó un acuario y se dividió en dos partes mediante una hoja de cristal transparente, colocando todos los peces en uno de los lados. A medida que los peces iban nadando y se chocaban con la hoja de cristal, aprendieron que allí estaba su límite. Más adelante se retiró el cristal, pero los peces continuaron nadando únicamente en un lado del acuario; continuaron comportándose como si la frontera de cristal siguiera presente.

Se hizo otro experimento similar con pulgas dentro de un tarro. Las pulgas trataban de salir pero la tapa que estaba puesta se lo impedía. Un rato después se retiró la tapa, pero como habían aprendido que aquél era su límite, las pulgas dejaron de intentar escapar.

También podemos encontrar comportamientos condicionados similares en nuestra propia vida. Estamos tan condicionados a creer en nuestras limitaciones que a menudo no nos molestamos en descubrir la realidad que está más allá de nuestras costumbres. Solemos temer que si elegimos una vía diferente o si cambiamos el comportamiento que nos es familiar, los demás pensarán que somos malos o irresponsables y nos retirarán su amor y su aprobación.

Cualquier definición de nosotros mismos que mantengamos rígidamente podría estar limitándonos, aunque en general la consideremos positiva. Por ejemplo, pensemos en dos personas que están orgullosas de su capacidad de cumplir sus compromisos. Aparentemente esto parece algo positivo, pero si el compromiso es «hasta que la muerte nos separe», puede que realmente se mueran creyendo que no hay otra forma mejor de salir de un matrimonio desgraciado.

Otro ejemplo: una mujer puede creer que es una «buena madre», pero esta definición de sí misma puede limitar su crecimiento y sus experiencias en la vida. Tal vez crea que una buena madre se sacrifica por sus hijos y se preocupa constantemente por ellos. Puede que incluso los cuide tan bien que les impida crecer y creer en sí mismos. Es posible que tenga que ampliar su definición de lo que significa ser madre o cambiar la creencia de que ser una «buena madre» implica sacrificar las propias necesidades en favor de los hijos.

Puedes creer que eres una persona muy sensible: sensible a ciertos alimentos, a los demás o al medio ambiente. Puede que te sientas orgulloso de tu sensibilidad y creas que es un rasgo positivo, pero esa creencia puede limitarte en muchos sentidos. Tal vez tengas miedo de vivir en ciertos lugares, de comer los alimentos que te gustan o de experimentar con algunas actividades sociales. Si cambiaras esa creencia, podrías descubrir todo un nuevo mundo de oportunidades.

CAPÍTULO 4

Juegos y procesos

*E*N ESTE CAPÍTULO tendrás la oportunidad de descubrir algunas de tus creencias participando en una serie de juegos y procesos. El propósito es revelar las creencias que puedan estar limitándote o creándote experiencias desagradables.

A medida que vayas practicando los distintos juegos y procesos, percibe si empieza a emerger alguna de las pautas de actuación antes mencionadas. Toma conciencia de si estás enfadado, frustrado, temeroso, perdido, cansado, demasiado ocupado, distraído, enfermo, confuso, deprimido o discutidor. Una vez más, si experimentas una reacción emocional o si surge una de tus pautas protectoras, puede estar indicando que alguna de tus creencias se ha visto cuestionada. Según vayas avanzando en tu vida y desarrollando la conciencia, nuevos miedos, dudas y creencias limitadoras llamarán tu atención. Es más fácil sentir una piedra en el zapato cuando caminas que cuando te quedas quieto. Una vez que has descubierto la piedra, puedes retirarla y moverte con más soltura.

JUEGO N.º 1
El viaje a Arizona

Para jugar a este juego, imagina que has estado deseando viajar al estado de Arizona. Obviamente, si vives en Arizona, elige otro destino.

Comienza el proceso imaginándote que estás sentado en tu coche al lado de una carretera. Escribe en las líneas siguientes o en un papel aparte lo que harías para llegar hasta Arizona. Tu descripción debe ser todo lo clara, específica y honesta que puedas antes de pasar a la etapa siguiente.

....

....

....

....

Ahora tómate un momento para repasar lo que has escrito. Tus respuestas reflejan tu actual manera de vivir; revelan uno o más de tus hábitos de actuación, que están basados en tus creencias. No hay respuestas acertadas ni equivocadas. La lista únicamente refleja tu manera de vivir la vida a causa de tus convicciones.

A continuación, plantéate las siguientes preguntas: ¿Estás contento con el lugar que actualmente ocupas en la vida? ¿Sueles conseguir los objetivos importantes que te propones? Si no es así, es posible que tengas creencias restrictivas que te hagan comportarte de una forma que no te ayuda a conseguir tus objetivos.

Éstos son algunos ejemplos de participantes en mis talleres. Percibe cómo sus comentarios revelan sus creencias y pautas de comportamiento.

1) Una mujer dijo que «simplemente se montaría en el coche y se pondría a conducir». Estaba acostumbrada a mantenerse muy activa y ocupada, pero comentó que su vida no era muy satisfactoria y no estaba segura de que sus acciones estuvieran llevándole a ninguna parte. Obviamente este planteamiento de vida no funciona para ella. El simple hecho de montarse en el coche y ponerse a conducir no le va a llevar a Arizona ni en la dirección de sus sueños. Esta mujer descubrió su creencia de que siempre debía estar haciendo algo porque de otro modo parecería vaga e irresponsable. Sentía que permanecer ocupada era una manera de revalidar su existencia y confirmar su valía. Ahora que es consciente de estas creencias, puede elegir cambiarlas.

2) Otra mujer dijo que iría a la ciudad más próxima y pediría a alguien que le orientara, lo que revelaba su tendencia a pedir consejo a los demás. Tal comportamiento no conlleva en sí mismo nada equivocado, pero cuando se le preguntó si era feliz con su vida y si estaba viviendo sus sueños, dijo que no. Aparentemente su táctica de pedir consejo y opinión a los demás tampoco estaba funcionan-

do. Esta mujer acabó descubriendo su creencia de que no podía confiar en que haría las elecciones adecuadas debido a los errores cometidos en el pasado. Por tanto, creía que necesitaba el consejo de otros que vieran las cosas con más claridad que ella o que ratificaran sus sentimientos y elecciones.

Consideremos la cuestión de pedir ayuda a los demás. ¿Tienes la costumbre de pedir opinión y consejo a otras personas? Si es así, percibe a qué tipo de personas se los pides. ¿Son personas de éxito? ¿Son personas a las que admiras, respetas y en las que confías? ¿Si tuvieras que pedir que te indicaran una dirección, se lo pedirías al empleado de la gasolinera, a un policía o a la primera persona con la que te cruzases por la calle? ¿Preferirías preguntárselo a una autoridad? La mujer que mencionamos en este caso dijo que preguntaría la dirección en el Real Automóvil Club; prefiere recibir consejos de figuras de autoridad legítimas y profesionales, de personas que ella cree más listas y mejor formadas «para conocer las respuestas correctas».

3) Un hombre respondió que, antes de ir a ninguna parte, empezaría por revisar el nivel de combustible, aceite y agua del coche. A continuación comprobaría si tenía suficiente dinero, alimentos y recambios para emprender el viaje, y después consultaría un mapa para comprobar cuál era la carretera más corta y mejor. Este hombre no llegó a ponerse a conducir. Lo que descubrió era que dedicaba la mayor parte de su vida a *prepararse* para el futuro.

Tenía metas en la vida, pero sentía que no contaba con el suficiente dinero o formación para tratar de alcanzar sus sueños. Aún estaba en la fase de dedicarse a leer libros (el mapa) con el fin de preparar y poder hacer las cosas «correctamente».

Este hombre se dio cuenta de que aún no había empezado su viaje. Si no se preparaba bien, quizá no llegaría a su destino. Su vida podía desmoronarse si no ponía cuidado en construir una buena base y tenía en cuenta todos los detalles. Añadió que su padre le había hecho creer que no era lo suficientemente listo como para hacer nada en la vida. Él había deducido que si se dedicaba a ocuparse de los preparativos y no llegaba a ponerse en marcha, no tendría que correr el riesgo de fracasar.

4) Algunos respondieron que se tomarían su tiempo y elegirían el camino más pintoresco hasta Arizona; ése era su planteamiento de vida. Habían decidido disfrutar del viaje sin apresurarse por llegar a ninguna parte. Según ellos, la vida es para disfrutarla.

5) Otros dijeron que irían al aeropuerto más cercano para llegar a Arizona cuanto antes, lo que constituye un reflejo obvio de su planteamiento de vida. Quieren conseguir sus objetivos y llegar a su destino lo más rápido que puedan. Sus comentarios eran: «No tengo tiempo que perder. Hay mucho que hacer. El tiempo es oro. Tengo que llegar de inmediato». Creen que nunca cuentan con tiempo suficiente para hacer todo lo que tienen

que hacer y su experiencia refleja esa creencia. Viven en una tensión constante, presionados por lo que exigen de su tiempo.

6) Una persona expresó su temor de que su coche no pudiera llevarle hasta Arizona. En realidad, esa persona había tenido serios problemas de salud y no creía tener la fuerza necesaria para alcanzar ninguno de sus objetivos. No confiaba en que su cuerpo estuviera suficientemente sano como para realizar el viaje.

Percibe si tu respuesta revela algo interesante sobre tus creencias y pautas de comportamiento. ¿Has descubierto creencias del tipo: «Debo estar preparado», «necesito dinero», «tengo que darme prisa» o «más vale que pida consejo a alguien»? ¿Vas «conduciendo» por la vida sin rumbo fijo y esperas llegar a tu destino algún día?

Una vez más, si eres feliz y te sientes realizado en la vida, si consigues fácilmente tus deseos más preciados, entonces tus creencias y acciones habituales están trabajando a tu favor. Si no es así, tal vez desees examinar tus creencias para descubrir cuáles son las que te impiden realizar tus sueños. Tus circunstancias actuales pueden revelar qué creencias son las responsables de crear tu experiencia.

Cuando comenzaste el viaje a Arizona, ¿cómo supiste desde qué punto empezabas? ¿Miraste a tu alrededor para ver las señales que te rodeaban? Aunque miraras un mapa para ver qué camino tomar, tenías que saber cuál era el punto de partida. Si no sabes desde dónde empiezas, te resultará muy difícil saber qué dirección elegir.

Toma un momento para reflexionar sobre tus actuales circunstancias, para tomar conciencia de lo que has creado en tu vida. ¿Qué «señales» te indican el lugar donde estás? El primer paso para lograr cualquier objetivo es evaluar tu situación actual. A continuación puedes avanzar con una nueva visión de la vida que siempre has deseado. Los cuatro pasos siguientes te ayudarán a clarificar tu situación presente y a conseguir tus objetivos.

1) Observa dónde estás ahora. ¿Qué es lo que funciona y lo que no funciona en tu presente? Evalúa tus relaciones personales, carrera profesional, finanzas, salud y demás áreas de tu existencia.

2) Clarifica lo que quieres hacer de tu vida. En el fondo, todos sabemos lo que verdaderamente queremos. Muchas personas pierden contacto con sus verdaderos deseos porque creen que no pueden o no deben tener lo que quieren.

3) Ten fe en que puedes obtener lo que quieres. Si cualquier otra persona ha conseguido su objetivo, tú también puedes. Si no crees que puedas o que debas realizar tus sueños, no emprenderás las acciones que te ayuden a realizarlos.

4) Emprende acciones por todas las vías posibles: mentales, emocionales y físicas. Visualiza mentalmente

que consigues tu objetivo. Ingenia el mejor plan que puedas pensar y afirma que mereces tener todo lo que deseas. Conecta con lo que supondría hacer tus sueños realidad. Por ejemplo, ¿cómo te sentirías si tuvieras el trabajo que siempre has soñado o si fueras abrazado por alguien que te quiere mucho? Imagina la alegría y la gratitud que sentirías. Emprende acciones concretas sin duda ni vacilación. Confía en tus impulsos y actúa como te parezca correcto. Realiza esa llamada o escribe esa carta. Haz lo que esté en tu mano y avanza paso a paso.

Si tienes un objetivo que todavía no se ha manifestado, revisa cada uno de estos cuatro pasos para ver si te falta por cumplir alguno de ellos.

Juego n.º 2
Color, animales, oscuridad y agua

En el espacio que se incluye a continuación, o en una hoja aparte, anota tres cualidades o adjetivos que describan los elementos siguientes: (1) un color, (2) los animales, (3) la oscuridad y (4) el agua.

1) Color (no hagas una lista de colores tales como el «azul». Selecciona tres palabras que describan cualidades del color, como «brillante»).

. . . .

2) Animales

. . . .

3) Oscuridad

. . . .

4) Agua

. . . .

Ahora veamos tus respuestas.

1) Las palabras que has elegido para describir el «color» son las que describen tu forma de percibirte a ti mismo. ¿Tienes una autoimagen mejor de lo que creías o estás en un punto de baja autoestima? ¿Hay algún juicio negativo que pudiera estar reteniéndote?

2) Las palabras empleadas para describir a los «animales» reflejan tu percepción de cómo te ven los demás. Aunque los demás no te perciban así, las palabras elegidas muestran lo que *tú piensas* de cómo te perciben. Por ejemplo, si describiste a los animales como «feroces y peligrosos», puede que temas que los demás te vean así. Si eso es lo que crees, interpretarás sus intenciones o comportamientos desde dicha perspectiva y tu experiencia confirmará tus creencias.

3) Las palabras elegidas para describir la «oscuridad» indican tu manera de percibir la muerte. Si has tenido problemas para describir la oscuridad, puede que no estés seguro de tus creencias o de tus sentimientos hacia la muerte. Si has elegido palabras como fría, vacía, terrorífica u otras que evoquen soledad o miedo, es muy posible que hayas experimentado la muerte como una pérdida.

4) Las palabras empleadas para describir el «agua» indican tu manera de percibir el sexo. ¿Revelan tus respuestas algún tipo de miedo al contacto físico? ¿Reflejan algún problema de tu relación actual? ¿Eres consciente de algún problema relacionado con el sexo que pudiera estar interponiéndose en el camino de una relación armónica y amorosa?

JUEGO N.º 3

Las personas de la fotografía

Mira la fotografía de la página 62 y elige a dos personas que atraigan tu atención. En las líneas siguientes, o en una hoja de papel aparte, anota los pensamientos y sentimientos que suscitan en ti cada una de ellas. ¿Quiénes son? ¿Qué tipo de personalidad tienen? ¿Qué es lo que piensa, siente u opina cada una de ellas? Escribe cualquier cosa que imagines o «sientas» acerca de ellas.

....

....

....

....

....

Lo que hayas escrito sobre cada una de las personas revelará algo de lo que crees de ti mismo. Muy a menudo proyectamos nuestros pensamientos, sentimientos, creencias y autocríticas en los demás. Lo que digas de los demás frecuentemente dice más de ti mismo que de ellos.

Por ejemplo, si describes a una de las personas de la fotografía como feliz, despreocupada y contenta con su futuro, así es como te percibes a ti mismo en este momento. Si has descrito a otra persona como impaciente, deshonesta o ruda, es posible que temas ser impaciente, deshonesto o rudo. Si describes a alguien como una persona cálida, amorosa y generosa, esto también describe tu sensación de ti mismo.

Si crees que alguien de la foto exhibe cierto comportamiento pero, con toda honestidad, tú no crees que te comportas así, pregúntate lo que su comportamiento dice de esa persona. ¿Qué tipo de personas se comportarían así? ¿Estás describiendo cualidades que temes poseer? En otras palabras, puede que tu comportamiento no sea el mismo que el de otra persona, pero podríais compartir la misma motivación.

Courtesy of Rail Europe Inc.

Por ejemplo, si has imaginado que una de esas personas es un ladrón o un asesino y sabes que tú no robarías ni harías daño a nadie, explica qué tipo de persona cometería tales actos. ¿Se trata de alguien egoísta, inseguro, malo, débil, estúpido, avaricioso o temeroso? ¿Qué motiva a una persona así? ¿Qué opinas de su comportamiento? ¿Por qué es «malo» o está «equivocado»? Si examinas honestamente tus opiniones respecto a esa persona, descubrirás cualidades que temes o crees poseer. Si tus juicios y opiniones sobre ti mismo te limitan, tu poder y tu capacidad de crear lo que deseas también se verán limitados.

Juego n.º 4
El mecánico

Un hombre dejó su coche en un taller para hacerle un cambio de aceite y pidió al mecánico que hiciera una revisión general con el fin de aprovechar el viaje. Poco después de llegar a la oficina, el hombre recibió una llamada del mecánico para informarle de que los frenos estaban gastados y había que cambiarlos. El hombre se lo pensó un momento y seguidamente autorizó al mecánico a instalar los frenos nuevos. Dos horas después el mecánico volvió a llamar para decirle que su coche necesitaba un carburador nuevo. El hombre accedió a cambiarlo. Una hora más tarde, el hombre recibió una tercera llamada del mecánico para avisarle de que su coche necesitaba un nuevo conmutador de ignición.

Imagina la situación del hombre durante un momento y piensa en cómo te sentirías si estuvieras en su lugar. Anota en las líneas siguientes o en una hoja de papel aparte lo que crees que está ocurriendo y lo que el hombre debería hacer.

....

....

....

....

Recuerda que no hay respuestas acertadas o equivocadas. Sin embargo, lo que creas que está pasando con ese hombre y con su coche revela tus propias creencias y pautas de actuación.

Si has aconsejado al hombre que pida una segunda opinión, probablemente sueles pedir opinión o consejo a los demás. No confiar en el mecánico indica que básicamente desconfías de los demás, aunque, en último término revela que tampoco confías en ti mismo.

Una mujer dijo que se acercaría al taller para ver por sí misma qué aspecto tenían las piezas dañadas antes de permitir que el mecánico siguiera con el trabajo. Así es como esa mujer vive su vida. Quiere tener bajo control todos los aspectos de su vida en todo momento; es una perfeccionista que prefiere hacerlo todo por sí misma y no confía en que los demás puedan hacer las cosas tan bien como ella. A pesar de que sus elecciones son perfectamente válidas, lo más probable es que tenga que dedicar mucho tiempo y trabajo a intentar tenerlo todo perfecto. Cuando alguien necesita controlar las cosas constantemente está reflejando su desconfianza básica en sí mismo, en los demás y en la vida en general. Esta mujer tenía miedo de ser «mala» y de que las cosas se descontrolaran si no estaba en alerta permanente.

Otra mujer dijo que confiaría en los consejos del mecánico y le permitiría arreglar todo lo que estuviera mal en su coche. La vida de esta mujer está marcada por la confianza en los demás. Ella cree que todo funciona para el bien más alto y por eso no se preocupa de nada ni lucha contra las aparentes injusticias. Confía en la vida. «Las cosas ocurren por una buena razón», nos dijo, y por alguna extraña causa parece que las cosas le van bien y sus problemas se resuelven. Al menos esa es *su* percepción. Lo que es evidente es que disfruta de la vida más que la generalidad de la gente y por tanto sus creencias funcionan para ella.

¿Qué piensas de la respuesta de esta última mujer? ¿Te sientes inspirado por su historia o te sientes crítico y desconfías de su manera de vivir? ¿Acaso te descubres teniendo pensamientos como: «sí, pero puede que algún día se quede sin dinero y lamente su actitud despreocupada y frívola» o «siendo tan confiada e inocente no está afrontando la realidad»? Si es así, tus juicios sobre su comportamiento son un reflejo de tu manera de juzgarte a ti mismo.

Un joven comentó que como le parecía que el mecánico quería quedarse con su coche, él se lo daría. Aquella era una respuesta muy poco común, pero a continuación nos explicó que tenía una enfermedad incurable y no esperaba vivir mucho más tiempo. Sentía que Dios le estaba llamando para volver a casa y había decidido no seguir luchando contra su enfermedad.

Meses después de completar este ejercicio, una mujer comentó que antes de asistir al curso había tenido todo un historial de trato con mecánicos deshonestos. Cuando se dio cuenta de que sus creencias seguirían reflejándose en su experiencia, decidió cambiar de creencia. Desde entonces no ha tenido más que experiencias positivas con su mecánico.

Juego n.° 5
El compañero del alma

Una mujer a la que llamaremos Katrina quedó un día con una amiga para comer. Katrina contó a su amiga que su situación actual le tenía frustrada y confundida. Había estado anhelando una relación amorosa en su vida y hacía poco tiempo había conocido a un hombre extraordinario.

Le encantaba estar con él y se lo pasaban estupendamente juntos. Les resultaba muy fácil comunicarse y les gustaba hacer las mismas cosas. Era guapo, inteligente, amoroso y considerado, todo lo que ella buscaba en un hombre. Incluso sentía que podría ser su compañero del alma. Sin embargo, aquel hombre pasaba mucho tiempo viajando. Su principal interés era la fotografía y le encantaba visitar lugares donde poder hacer fotos peculiares y sugerentes.

Katrina explicó que su trabajo le impedía salir de viaje con él, pero en cualquier caso había notado que él tampoco se lo pedía. Disfrutaba mucho de la compañía de aquel hombre pero estaba descontenta porque no podía pasar mucho tiempo junto a él.

Antes de conocerle, Katrina había salido con otro que estaba muy enamorado de ella y que deseaba el matrimonio. Explicó que se trataba de un maravilloso, sensible y acaudalado hombre de negocios, pero que no tenían gran cosa en común. Aunque se lo habían pasado bien juntos, sentía que no tenían muchos temas de conversación. Katrina se mostró preocupada por su situación y comentó a su amiga que no sabía qué hacer.

Si tú fueras la amiga de Katrina y ella te pidiera consejo, ¿qué le dirías? ¿Cambiarías tu respuesta al saber que había estado saliendo con el hombre de negocios durante dos años? ¿Y si hubiera estado saliendo con él cinco o seis años? Por favor, tómate un momento para pensar lo que le dirías. A continuación anota tus comentarios.

....

....

....

....

El consejo que has dado a Katrina refleja los consejos que te das a ti mismo respecto a las circunstancias actuales de tu vida. Tu respuesta puede indicar que tienes la sensación de tener que elegir entre el sueño de tu vida (el compañero del alma) o conformarte con menos porque es más seguro, más fácil o más conveniente.

¿Cambió tu respuesta cuando supiste que Katrina llevaba con el hombre de negocios mucho más tiempo? Ya que había dedicado muchos más años a esa relación, ¿estabas predispuesto a aconsejarle que siguiera con ella o temías que ya hubiera perdido demasiado tiempo? ¿Por qué o por qué no? ¿Reflejan tus respuestas algún sentimiento de culpa u obligación hacia el hombre de negocios? Si es así, ¿se basan tus propias elecciones presentes en sentimientos de culpa u obligación?

Un hombre del grupo respondió que pensaba que Katrina debería quedarse con el hombre de negocios porque aprendería a quererle con el tiempo, a pesar de que le pareciera que el primero era su compañero del alma. Dijo que pensaba que resolver la situación con el fotógrafo podría suponer demasiado esfuerzo y que tal vez no valía la pena correr el riesgo. Este hombre acabó revelándonos su profundo deseo de trabajar en algún campo relacionado con la protección del medio ambiente, pero le daba miedo dejar un empleo seguro en un empresa de asesoría y seguía esperando que con el tiempo acabara gustándole su trabajo. Creía que su deseo de trabajar en temas medioambientales «probablemente era sólo un sueño y nunca se haría realidad».

Otro hombre pensaba que Katrina debía ser honesta y hablar abiertamente con el fotógrafo, creía que la clave residía en una comunicación sincera y amorosa. Pensaba que con paciencia y compromiso mutuo acabarían resolviendo sus problemas. Su respuesta le dio la clave que estaba buscando para resolver sus propias dificultades matrimoniales.

Una de las mujeres del grupo respondió que creía que Katrina debía seguir buscando porque ninguno de los dos hombres era el adecuado para ella. Esta mujer admitió no haber encontrado aún el trabajo ni el propósito de su vida. Se estaba preparando para dejar su trabajo actual y seguir buscando una profesión que le hiciera feliz.

Recuerda que los consejos que diste a Katrina reflejan tus propias creencias, lo que no significa que esos consejos sean la única solución posible a tu situación o dilema personal. Dispones de múltiples soluciones, a menos que creas que tus opciones están limitadas.

Podemos usar historias de este tipo para ayudarnos a descubrir los asuntos que tenemos pendientes y sus soluciones. Si escuchamos cuidadosamente los consejos que damos a los demás, oiremos consejos muy provechosos para nosotros mismos basados en nuestras propias creencias. A menudo resulta mucho más fácil dar consejo a los demás porque vemos sus circunstancias más objetivamente. Cuando tenemos que lidiar con nuestro propio problema no siempre podemos pensar con claridad o encontrar la mejor solución. Es probable que nos sintamos traumatizados o tal vez sintamos cierto apego emocional por una manera particular de resolver la situación. Si es así, no podremos ver las cosas con claridad: las emociones empañarán nuestros pensamientos e intuiciones.

Observando tus reacciones a las situaciones de los demás y a las películas o series televisivas puedes intuir cuáles son tus creencias y tu verdadera opinión sobre tí. Todos los juicios y críticas que dirigimos hacia los demás reflejan los que nos dirigimos a nosotros mismos. Si tienes un asunto pendiente con alguien, esa persona te está mostrando algo de ti mismo que no te gusta. La próxima vez que alguien muestre un rasgo de personalidad o una cualidad emocional que te molesten, pregúntate si tienes un juicio similar respecto a ti mismo. Esto también indica que si admiras a alguien por una cualidad, como su calidez o su generosidad, en el fondo sientes que tú también posees esa misma cualidad.

Tus sentimientos y tus juicios sobre ti pueden ser las herramientas que te ayuden a descubrir tus creencias. En cualquier caso, emitir juicios es muy diferente de hacer observaciones. Emitir juicios indica que tienes un problema contigo mismo, cosa que no ocurre en el caso de las observaciones. Para averiguar si estás emitiendo un juicio sobre alguien o si se trata de una mera observación, emplea los criterios siguientes: si el comportamiento de esa persona evoca una respuesta emocional en ti, sea positiva o negativa, entonces estás emitiendo un juicio. Si crees que una situación o un comportamiento concreto es bueno o malo, correcto o incorrecto, entonces estás emitiendo un juicio. No sientas que deberías reprimir tus sentimientos ni pretendas no tener ningún juicio. Permítete sentir lo que sientes para poder descubrir tus creencias y tus juicios. Si tu respuesta al comportamiento de los demás no es emocional, probablemente dirás algo como: «Vaya, eso parece interesante». Este tipo de respuesta indica que simplemente estás haciendo una observación.

JUEGO N.º 6
La mochila

Un hombre quería comprar una mochila a su hija por su cumpleaños. Dudaba entre que fuera de color amarillo o rosa. Por fin se decidió por el rosa.

¿Qué respondes a esta historia? Por favor, dedica un momento a tomar nota de tus pensamientos y sentimientos.

....

....

....

....

Si tu respuesta ha sido diferente de un simple: «Vaya, me parece interesante» o de un «¿y a mí qué?», entonces tu reacción ante la elección de ese hombre —es decir, tu juicio sobre su comportamiento— refleja que hay algo en tu vida sobre lo que tienes un juicio similar.

Una mujer se sintió molesta al oír la historia y comentó que el hombre debería haber dejado elegir a su hija. Un examen más detallado de su situación nos descubrió que aquella mujer era muy dominante y quería tenerlo todo a su gusto. Recientemente había impedido a su hijo de diecinueve años salir un fin de semana con sus amigos. Temía haber sido demasiado controladora por no haberle dejado tomar su propia elección.

Otra mujer se sintió exasperada por el comportamiento tan sexista de aquel hombre al comprar la mochila rosa únicamente porque el regalo era para una niña. Descubrimos que aquella mujer tenía una ideas bastante sexistas de la vida. Se sentía enfadada con su marido porque no era el típico hombre responsable que se ganara la vida de la manera tradicional y también estaba enfadada consigo misma por sentir lo que sentía. En su propia opinión, se estaba aferrando a una idea pasada de moda y estaba avergonzada por no ser todo lo abierta y moderna que le gustaría.

Si la decisión de este hombre no os ha molestado, vuestra respuesta debe de haber sido algo del tipo «bien, eso me parece interesante» o «¿y a mí qué?». Cuando vayas desvinculándote de algunas de tus autocríticas, tu respuesta ante muchas situaciones de la vida será del tipo «bien, me parece interesante».

Cuando liberes tu mente del amasijo de autocríticas te sentirás más agradecido a la vida. Experimentarás más alegría, más ligereza, más libertad. La autocrítica y las trabas constantes hacen que la vida resulte más pesada y dificultosa. Cuanto menos tiempo dediques a criticarte a ti mismo o a los demás, más tiempo tendrás para disfrutar de la vida. Cuantas menos autocríticas albergues, más podrás emplear tu poder creativo, tomar conciencia de tu divinidad y convertir tus sueños en realidad.

JUEGO N.º 7
Percepción y creencias

Nuestras creencias afectan a nuestras percepciones, que a su vez crean nuestras experiencias. Nuestras creencias actúan como filtros que permiten que únicamente cierto tipo de información impregne nuestra mente. Percibimos la vida a través de dichos filtros; vemos la vida a través del prisma de nuestras creencias.

Mira a tu alrededor ahora mismo y fíjate en todo lo que sea de color azul. Cierra los ojos y haz una lista mental de todas las cosas que has visto de color azul; a continuación abre los ojos y mira a tu alrededor para ver si te has dejado algo.

Ahora vuelve a cerrar los ojos. Sin esforzarte en exceso, recuerda todas las cosas que hayas visto de color amarillo. Abre los ojos y mira a tu alrededor. ¿Te has dejado algo? Es probable que no hayas percibido nada amarillo en el entorno porque estabas buscando objetos de color azul. Los objetos amarillos eran plenamente visibles mientras buscabas los azules, pero probablemente no los viste porque tenías la atención enfocada en otra parte. Lo más probable es que encuentres aquello que buscas. Si crees que algo es verdad, percibirás la vida desde esa perspectiva.

Si crees, por ejemplo, que tu infancia fue infeliz, cuando rebusques en tu pasado sólo encontrarás pruebas que apoyen esa creencia. Aunque de niño también hayas vivido momentos de felicidad, el hecho de que creas que tu infancia fue desgraciada te impedirá recordarlos. Si crees que recibes amor, que estás seguro y bien cuidado, percibirás todas tus experiencias bajo esa luz. Si tus creencias se basan en el miedo, la sospecha y la duda, por muy buena suerte que tengas en la vida estarás lleno de desconfianza y temor.

Piensa ahora en tu reloj. Sin mirarlo, recuerda qué apariencia tiene. ¿Es un reloj digital o tiene manillas?

¿Cómo son las manillas? ¿Tiene dos? ¿De qué color son? ¿Tiene números árabes, romanos o simples líneas para señalar las horas? ¿Dónde están los números o líneas; en la posición 3, 6, 9, 12, o en todas las horas? ¿Hay algo escrito en su superficie? ¿Qué es lo que dice? ¿Figura en alguna parte el nombre del fabricante? ¿Cuál es? ¿De qué color es? ¿Tiene fecha?

Mira tu reloj más de cerca. ¿Te has dejado algo? Ahora vuelve a retirar la vista de él. ¿Qué hora es? A pesar de que has estado mirando el reloj, es muy probable que no puedas responder a esta pregunta. Probablemente miras a tu reloj muchas veces al día, pero aún así es probable que no recuerdes su aspecto porque cuando lo miras lo único que te interesa es saber la hora, y cuando has estado mirando tu reloj hace un momento, tú única intención era observar su aspecto, no saber la hora.

Una vez más, tu percepción se limita a aquello que buscas; experimentarás y verás aquello en lo que creas.

JUEGO N.º 8
El conductor imprudente

Imagina que vas conduciendo por la carretera y de repente alguien hace una adelantamiento muy brusco y se coloca justo delante de ti. ¿Cómo reaccionarías? Tu manera de interpretar las acciones de ese conductor —tu mane-

ra de percibir y experimentar el incidente— dependerá de
tus creencias. Consideremos una serie de respuestas diferentes ante un incidente así.

Una de las reacciones posibles es: «¡Qué cretino irresponsable e imprudente! Podría hacer daño a alguien. Evidentemente no le importa nadie que no sea él mismo».

Una segunda reacción posible podría ser: «¡Vaya, sí
que tiene prisa! Debería tomárselo con más calma y disfrutar de la vida».

Una tercera reacción podría ser: «Todo ocurre siempre para mejor, por eso creo que ese conductor se ha in-
terpuesto ante mí por alguna buena razón. Puede que la
policía de tráfico esté por ahí delante o tal vez me ha evita-
do un accidente al hacerme disminuir la velocidad».

Una cuarta perspectiva sería: «Esa persona parece estar muy molesta e ignora su entorno. Me pregunto si le ha
ocurrido alguna desgracia terrible. Espero que esté bien».

Ahora imagina cuál habría sido tu propia reacción.
Probablemente nunca llegarás a saber lo que le pasaba a
ese conductor, pero puedes aprender de la experiencia en-
tendiendo tu respuesta a lo ocurrido. Tu manera de experimentar lo que te acontece en la vida tiene muy poco que
ver con la realidad de los demás y mucho que ver con tus
propias creencias y percepciones. Sean cuales sean las acciones de otra persona, las vivirás y experimentarás a través del prisma de tus propias creencias.

Cada desafío que encuentres en la vida te da la oportunidad de sacar a la luz tus convicciones, lo que te permitirá elegir las que funcionan a tu favor y rechazar las que actúan en tu contra. De manera natural atraerás a tu vida personas y situaciones que reflejen tus propios problemas y tus juicios sobre ti.

Juego n.º 9
¿Qué me está molestando?

Ésta es una técnica muy simple que puede ayudarte a tomar conciencia de tus juicios sobre ti y resolver los asuntos desagradables que tienes pendientes con los demás. Estas cuatro sencillas preguntas pueden poner luz en tus creencias y ofrecerte una perspectiva innovadora del problema.

Cuando respondas a ellas no confíes en los ejemplos que se facilitan ni trates de averiguar lo que *deberías* decir. Si quieres saber lo que realmente pasa dentro de tu mente, tus respuestas deben ser honestas.

Piensa en alguien cuyo comportamiento te resulte molesto. Puede tratarse de tu esposa, de uno de tus padres, de un hijo, de un pariente, de tu jefe o de un amigo. Toma cuatro hojas de papel y anota en cada una de ellas una de estas cuatro preguntas.

1) ¿Qué me molesta de esta persona? ¿Cómo actúa para hacer que me sienta incómodo?

2) ¿Por qué se está comportando así? ¿Cuál es, en mi opinión, la verdadera razón de su comportamiento?

3) ¿Qué me gustaría decirle a esta persona? Si pudiera decir algo que le hiciera cambiar de comportamiento, ¿qué le dirías?

4) ¿Qué quiero de esta persona?

Por favor, tómate unos momentos para anotar tus respuestas a estas preguntas. Date tiempo y sé todo lo honesto que puedas. Escribe todo lo que se te ocurra de manera clara y simple; no te dediques a contar historias ni incidentes específicos. Las respuestas directas te permiten tomar conciencia del verdadero problema y de su mejor solución. He aquí las respuestas de una mujer:

1) ¿Qué me molesta de John? ¿Cómo actúa para hacer que me sienta incómoda?

No me escucha ni me respeta. Me riñe y me ordena hacer cosas. Siempre se muestra muy crítico y no le importan mis sentimientos. No pasa suficiente tiempo conmigo. Es malintencionado, arrogante y egoísta. Siempre deja las cosas para después y nunca hace lo que dice que va a hacer.

2) ¿Por qué se comporta así? ¿Cuál es, en mi opinión, la verdadera razón de su comportamiento?

Probablemente tiene miedo de no gustar a nadie y trata

de protegerse. Tiene miedo de ser rechazado y por eso se mantiene distanciado de la gente. Se siente muy inseguro, no cree en sí mismo. Teme fracasar, perder su trabajo, y además está muy cansado y no se siente valorado. Tuvo una infancia difícil y ahora continúa poniéndose trabas en su camino.

3) ¿Qué me gustaría decirle? Si pudiera decir algo para ayudarle a comportarse de otra forma, ¿qué le diría?

Escúchame, por favor, me gustaría que dejaras de herir mis sentimientos. No te preocupes por el dinero o por perder tu trabajo; todo va a salir bien. Por favor, pasa más tiempo conmigo. Mantén tu palabra y haz lo que dices que vas a hacer.

4) ¿Qué quiero de él?

Quiero que me respete, que crea en mí, que pase más tiempo conmigo y que me quiera. También deseo que me diga cosas agradables, que no se meta conmigo, que deje de criticarme y que se divierta más cuando está conmigo.

Ahora que has escrito las respuestas más honestas posibles, repásalas y considéralas desde esta perspectiva: en realidad te estás hablando a ti mismo.

1) ¿Qué me molesta de esa persona? ¿Cómo actúa para hacer que me sienta incómodo?

Tus respuestas indican las cosas que no te gustan de ti mismo, los juicios críticos que tienes respecto a ti mismo.

2) ¿Por qué se está comportando así? ¿Cuál es la verdadera razón subyacente de su comportamiento?

La respuesta que hayas dado es la verdadera razón de que te comportes así.

3) ¿Qué te gustaría decirle? Si pudieras decir absolutamente cualquier cosa para ayudarle a comportarse de otra forma, ¿qué le dirías?

Lo que hayas escrito es lo que tu yo interno te está diciendo. Si le escuchas, tu vida cambiará drásticamente.

4) ¿Qué quiero de él?

Es lo que tienes que darte a ti mismo o hacer por ti mismo para que tu vida sea más plena. Si haces esas cosas por tu propio bien, las demás personas de tu vida empezarán a tratarte de manera diferente. Si quieres que alguien no te deje abandonado, tienes que empezar por no abandonarte a ti mismo. Si quieres que alguien te ame incondicionalmente, tienes que amarte incondicionalmente. Si deseas que alguien te escuche, tienes que empezar por escucharte a ti mismo. Si quieres que alguien aprecie tus sentimientos, tienes que apreciarlos tú mismo. Si quieres que alguien mantenga su palabra, tienes que mantener tu palabra ante ti mismo. Si deseas que alguien pase más tiempo contigo, tienes que pasar más tiempo contigo mismo. Tal vez sientas que ya pasas mucho tiempo contigo mismo; pero ¿se trata de un tiempo de calidad y tranquilidad o, por el contrario, cuando estás solo siempre tratas de mantenerte ocupado?

Si te molestan las críticas de otra persona es porque te criticas a ti mismo. Si la gente te da consejos contradictorios y mensajes cruzados es porque te los estás dando a ti mismo. Si te molesta el hecho de que los demás no crean en ti ni te apoyen, es porque no crees en ti mismo ni te apoyas.

Las relaciones con los demás son nuestro mejor espejo. Ellos te tratarán tal como te trates a ti mismo. Te dirán en voz alta las cosas que te susurras al oído. Pondrán en acción y expresarán tus creencias y miedos internos. Si no te gusta cómo te trata la gente, cambia tu manera de tratarte a ti mismo. Cuando no tienes problemas contigo mismo, la gente te trata bien, y si no es así, lo que te dicen o hacen no te afecta.

Una vez más, si alguien hace algo que te impulsa a reaccionar, en realidad se trata de un asunto que tienes pendiente contigo mismo. Sabrás que se trata de un asunto suyo y no tuyo si no tienes una reacción emocional ni emites un juicio. Imagina que alguien se acerca a ti y te dice que tienes el pelo de color violeta. Como sabes que no es verdad, podrías muy bien responder: «Vaya, eso parece interesante. Me preguntó qué mosca le habrá picado hoy». Es muy improbable que su comentario te cause mucho dolor o te moleste si crees que a tu pelo no le pasa nada. Pero supón que alguien te dice: «Parece que estás un poco más gordo» y tú tienes mala conciencia por haber ganado algunos kilos. Es probable que tal comentario suscite una respuesta emocional teñida de culpa, vergüenza, ira o frustración. Tu reacción emocional es la clave que indica la existencia de un pensamiento autocrítico o de una creencia subyacente que te produce dolor.

PARTE III

Cambia tus creencias

CAPÍTULO 5

Métodos para cambiar tus creencias

«Defiende que tienes limitaciones y, efectivamente, las tendrás.»

RICHARD BACH, *Illusions*

CUANDO ALGO EN NUESTRA vida nos hace desgraciados, lo primero que hacemos es tratar de cambiar las circunstancias externas: dejamos el trabajo, nos divorciamos, nos trasladamos a otra ciudad o nos ponemos a dieta. Se nos ha enseñado a arreglar las cosas externas a nosotros cuando en realidad lo que tenemos que hacer es cambiar nuestras creencias internas. Si no cambiamos nuestras convicciones volveremos a crear las mismas circunstancias una y otra vez, y cuando las situaciones se repiten, sólo consiguen reforzar nuestra creencia de que ésa es la única realidad existente. Se convierte en un ciclo sin fin hasta que detenemos el proceso cuestionando y cambiando nuestras creencias.

Para cambiar tu experiencia tienes que cambiar de convicciones. No te servirá de nada tratar de cambiar a los demás o tus circunstancias externas porque se seguirán repitiendo las mismas situaciones en tu vida. Puedes dejar una relación que no te hace feliz o un trabajo desagradable, pero si conservas las mismas creencias, seguirás atrayendo a tu vida situaciones y personas similares, vayas donde vayas. Sencillamente no puedes huir de ti mismo porque tu vida es el espejo que refleja lo que crees.

Por ejemplo, si habitualmente eliges compañeros o compañeras con traumas emocionales, lo más probable es que sigas haciéndolo hasta que cambies tu necesidad de rescatar a los demás. Si no te sientes valorado en tu puesto de trabajo, es muy probable que experimentes circunstancia similares en otros empleos. Con todo esto no quiero decir que no debas cambiar de trabajo ni divorciarte; puede ocurrir que tu trabajo o tu matrimonio hayan dejado de ser satisfactorios, pero debes tener en cuenta que un simple cambio de trabajo o de compañía no garantiza que vayas a resolver tus problemas.

Puedes alejarte de tu «espejo» actual, pero seguirás viendo tu propio reflejo cuando te pongas ante el siguiente espejo. Para que el reflejo en el espejo sea diferente, debes cambiar tú. La única forma de crear una nueva experiencia entrando en una nueva relación o en un nuevo trabajo es cambiar alguna de tus creencias.

CREE EN QUE PUEDES HACERLO

A la mayoría de la gente le resulta muy fácil escribir una carta, pero muy difícil o imposible construirse una casa o ganar un gran suma de dinero. Para otros el dinero no supone ningún problema, pero se enfrentan a un terrible dilema cuando tienen que buscarse un compañero o compañera. La mayor o menor dificultad para crear lo que deseamos depende de lo poco o mucho que creamos en nuestras posibilidades.

Si queremos vivir una nueva experiencia, hemos de empezar por creer que podemos crear algo diferente de lo que tenemos ahora. Lo más común es creer que lo que tenemos actualmente en nuestra vida es la realidad pura y dura, y cualquier otra cosa no pasa de ser un mero deseo o fantasía.

A la mayoría de la gente no le cuesta creer que puede conducir un coche, pero imagina lo que ocurriría si alguien creyera que aprender a conducir es muy difícil, casi imposible. Cuando crees que puedes aprender a conducir, emprendes acciones que te llevan a crear esa experiencia. Si piensas que no vas a poder aprender a conducir, ¿por qué te molestarías siquiera en probar? Si crees que sólo puedes actuar de una forma dada, ni siquiera se te ocurrirá ponerte a buscar alternativas. Tu creencia limitada limita tu experiencia.

Cambiar una creencia no tiene por qué ser difícil ni requerir mucho tiempo. Cuando encuentres una creencia que te está limitando, simplemente elige otra. Imagina que puedes mover el dial de tu «aparato de radio mental» y elegir otra frecuencia. Dirígete hacia otros pensamientos más deseables, inspirados y que aumenten tu capacidad. Tal vez pienses que es difícil de hacer, pero sólo será así si así lo crees.

Éste es un experimento muy simple que te invito a realizar: piensa en un lápiz amarillo. Ahora deja de pensar en el lápiz amarillo y piensa en una rosa roja. ¿Te ha resultado difícil el cambio? Así de simple es cambiar de pensamientos y creencias.

Hubo un tiempo en que se creía que era bueno comer huevos. Más tarde las autoridades sanitarias nos avisaron de que los huevos tienen mucho colesterol y que no son excesivamente sanos. Instantáneamente millones de personas cambiaron de creencia y regularon su hábito de consumir huevos. Como puedes ver, se puede cambiar de creencias de un día para otro, literalmente.

Ahora bien, si estás toda la vida pensando en lápices amarillos o en que tienes un problema concreto, puede resultar un poco más difícil romper con ese hábito. Por ejemplo, puede resultar difícil afirmar que eres una persona próspera cuando estás sentado delante un montón de facturas pendientes de pago. Como has reforzado esa creencia durante tanto tiempo, es muy probable que hayas reunido numerosas pruebas que la demuestren. Te sentirás tentado de volver a tus antiguos hábitos hasta que hayas reforzado la nueva y deseable creencia encontrando pruebas que la corroboren.

Cada creencia también genera su propio estado emocional. Podemos hacernos adictos a los sentimientos familiares que acompañan a nuestras creencias, lo que hará que nos sea más difícil cambiarlas. Puede resultar más fácil quedarse en el surco conocido que moverse y forjarse un nuevo camino. Con las antiguas creencias y emociones al menos sabemos qué podemos esperar, aunque sea desagradable. A veces nos encanta la pasión, la intensidad y el drama de las emociones. Cuando empezamos a sentir lástima de nosotros mismos, a sentirnos deprimidos o iracundos, esas emociones adquieren inercia y pueden acabar teniendo vida propia. Podemos pensar en las emociones como si fueran «energía en movimiento». Una vez que la emoción ha sido activada, puede resultar difícil de parar.

Cambiar tus creencias te va a exigir determinación, concentración, compromiso y disciplina. Debes mantener la atención enfocada en la nueva situación y no permitirte volver a las viejos caminos conocidos. Es algo que al principio puede requerir bastante esfuerzo, pero con el tiempo se vuelve más fácil. En realidad, todos los aprendizajes que hemos realizado requieren paciencia: caminar, hablar, comer, escribir, montar en bicicleta, conducir, etc. Por tanto practica, practica y sigue practicando. Pronto tu nueva creencia te resultará tan cómoda y familiar como la antigua.

Durante el tiempo que dure la transición es muy posible que tu vida te parezca un caos, ya que las creencias enfrentadas lucharán por ganar una posición en tu mundo. Puede que experimentes interferencias en tu «estación mental» hasta que logres ajustar el dial y estabilizar la frecuencia. Las antiguas experiencias persistirán durante cierto tiempo, pero eso no significa que el proceso no está funcionando. No te rindas porque lo que estás haciendo merece la pena, aunque a veces resulte duro.

ENCUENTRA PRUEBAS QUE APOYEN TU NUEVA CREENCIA

Si tienes una creencia, encontrarás pruebas que la confirmen. Una de las maneras de cambiar una creencia es elegir otra creencia, encontrar pruebas que la confirmen y después actuar como si esa nueva creencia fuera verdad para ti.

He aquí algunos ejemplos: si crees que eres estúpido y que cometes muchos errores, busca pruebas que confirmen la creencia opuesta: eres listo y has realizado las elecciones más adecuadas. Busca pruebas que demuestren que tus elecciones siempre han acabado siendo para mejor y que has aprendido algo de cada una de ellas. Anota esas pruebas en una lista a la que poder recurrir cuando necesites confirmar que eres una persona inteligente. Cuanta más atención dediques a la nueva creencia, más fácil te resultará olvidarte de la anterior.

A continuación empieza a actuar con más confianza, creyendo que sabes hacer las elecciones adecuadas. No tengas miedo de tomar decisiones y, sean cuales sean, apóyalas. Raras veces pondrán en peligro tu vida; eso puede ayudar a relajarte y a tomarte las cosas con menos seriedad.

Si temes entrar en una relación porque piensas que suelen acabar en separaciones dolorosas, busca ejemplos de parejas que hayan convivido juntas en amor y armonía durante muchos años. Busca pruebas que confirmen la creencia de que no todas las relaciones son infelices. Muchas parejas conviven toda su vida y siguen amándose y respetándose mutuamente. Encuentra pruebas de que no todas las relaciones acaban dolorosamente, de que hay gente que ha vivido separaciones fáciles y amigables. Algunos no sólo sobreviven a la separación, sino que son mucho más felices después de separarse. Si tienes miedo de sentir dolor, estarás creando lo que temes. El paso siguiente es empezar a actuar como si estuvieras en una relación feliz y plena.

Si crees que encontrar trabajo es difícil y dudas de que alguien quiera contratarte, recuerda una ocasión en que al-

guien te haya contratado. Siente la misma confianza y recuerda lo que hiciste cuando fuiste contratado para hacer
ese trabajo. Reúne pruebas que apoyen la idea de que ahora
eres todavía más valioso porque tienes más conocimientos y
experiencia que antes. Si piensas que la edad es una desven-
taja, recuerda que muchos de los hombres y mujeres más ge-
niales completaron sus obras en los últimos años de su vida.

Si fueras un empresario, ¿contratarías a alguien como
tú? Si la respuesta es sí, entonces imagínate que alguien
piensa lo mismo que tú y por las mismas razones. Si no contratarías a alguien como tú, ¿por qué no? ¿Qué es lo que no
te gusta de ti mismo? Recuerda que tienes el poder y la capacidad de cambiar, que estás encargado de crearte a ti mismo.
Asegúrate de centrarte fundamentalmente en tus cualidades
positivas y en el hecho de que eres un empleado deseable.

Si crees que no puedes crear riqueza para tu vida, recuerda esas veces en que has tenido dinero o prosperidad
de algún tipo. Has de empezar por algún ejemplo concreto y buscar pruebas que —aunque sean muy pequeñas e
insignificantes— demuestren la creencia contraria, la
creencia de que has sido capaz de crear cosas maravillosas
en tu vida. Eso te permitirá ir construyendo una nueva
confianza y con ella una nueva experiencia. A continuación empieza a actuar como si estuvieras en una situación
de prosperidad económica. Puedes hacer algo tan simple
como gastar un poco más de dinero en lo que normalmen-
te gastarías algo menos.

Tal vez tengas miedo de que por el simple hecho de ser aparentemente feliz o de estar en una situación próspera, no mereces más amor, más dinero, ni ninguna otra de las cosas que deseas. Mucha gente ha sido educada en la creencia de que si tienen bastante, no merecen ni deben pedir más. Un ejemplo muy típico es: «Ya tienes muchos juguetes, no pidas más para tu cumpleaños».

Así es como trabaja la ley de la manifestación: lo similar atrae a lo similar. Si irradias riqueza y abundancia, atraerás riqueza y abundancia. Si irradias amor, atraerás más amor. Si te sientes exitoso, feliz, amable, sano y acaudalado, atraerás esas cualidades hacia ti. Sea lo que sea lo que envíes al mundo, lo que vuelva tendrá una cualidad parecida.

EMPLEA TU IMAGINACIÓN

Tu imaginación es una herramienta muy poderosa que te permite crear imágenes mentales para fortalecer tus nuevas creencias. Cuando inventas nuevas imágenes, estás enviando datos a tu yo interno que sabe manifestar esas imágenes en la realidad física.

Muchas veces tememos estar engañándonos o que la nueva creencia sólo sea un deseo, por eso dejamos de imaginarnos lo nuevo. El miedo a sufrir también puede impedirnos creer que puede surgir una nueva situación, pero insistir tercamente en que la antigua situación es la única posible no hará que cambien nuestras circunstancias. Si, por ejemplo, sigues insistiendo en que eres pobre, seguirás viviendo en la carencia. Ni siquiera permitirás que tu yo interno aporte nuevas ideas para mejorar tus circunstancias.

Para permitir la aparición de lo nuevo debes dar pasos que refuercen las nuevas creencias. A medida que te centras en la idea de que eres próspero, comienza a imaginarte los sentimientos que acompañan a tu nueva prosperidad. Imagínate lo bien que te sientes después de haber pagado la pila de facturas que tienes ante ti. Esta actitud no implica negar la existencia de las facturas en cuestión, sino que ahora crees en tu prosperidad, de tal forma que pronto estarán pagadas. Tu mente se pondrá a buscar inmediatamente la forma de que esa situación se haga realidad. A medida que vayas pagando cada factura, considera ese hecho como una confirmación más de que tu nueva creencia es verdad. Incluso si te encuentras una insignificante moneda por la calle, considéralo una prueba de que el dinero está llegando a ti.

Cuando fantasees con tu nueva situación es muy importante que no vayas en contra de tus propios intereses dudando de que tus sueños pueden hacerse realidad. Cuando visualices e imagines, debes sentir que tus deseos se van a manifestar en la realidad. Concéntrate en sentir y en percibir la plena experiencia de lo que supone vivir tus sueños.

Si el dinero ha sido un problema para ti, imagínate viviendo una vida de abundancia. Siente esa nueva experiencia físicamente, emocionalmente y mentalmente. Dedica tiempo a imaginarte una nueva vida próspera hasta que creas que esa idea no sólo es posible, sino muy probable. No coartes tu imaginación tratando de ser realista; el yo interno te abrirá nuevas posibilidades para que puedas acceder a la prosperidad. Asimismo, percibe los sentimientos que surgen en ti al imaginarte en esa situación. ¿Te sientes culpable, malo, indigno o egoísta? Estos sentimientos te darán la clave de las creencias que podrían estar saboteando tu capacidad de crear riqueza.

Si tienes problemas para encontrar o mantener una relación amorosa, imagina que encuentras un compañero o compañera maravilloso que te quiere y cuida de ti. Dale a tu yo interno una imagen clara de lo que quieres para que pueda crearlo. Imagínate hablando con esa persona. ¿Qué sensación te produce tener un compañero amoroso que te habla con sinceridad y aprecio? ¿Cómo te sientes cuando te rodea con sus brazos? ¿Te sientes conmovido, agradecido, cálido?

Percibe también si tienes miedo de imaginarte una relación así. ¿Sientes miedo de «tener esperanzas» porque podrían frustrarse? ¿Crees que las relaciones no siempre salen bien? ¿Estás asumiendo que lo que te ocurrió en el pasado te volverá a ocurrir en el futuro? ¿Temes sentirte rechazado o abandonado si te permites ser abierto y confiado? Toma nota muy precisa de los miedos que puedas tener porque crearás aquello que temes.

También puedes usar la imaginación para ir más allá

de cualquier temor que puedas tener. Imagínate que te separas de la persona que amas o que pierdes el trabajo. ¿Qué experimentarías y cómo te sentirías? ¿Qué ocurriría a continuación? ¿Y después? Sigue buscando más allá de cada experiencia hasta superar el miedo.

¿Temes quedarte sin dinero? Imagina que no tuvieses dinero ahora mismo. ¿Cómo te ves? ¿Estás viviendo en la calle? ¿En un refugio para indigentes? ¿Te has trasladado a vivir con tus padres o con tus hijos? ¿Qué podría pasar realmente? ¿Y a continuación? ¿Y después de eso? Emplea tu imaginación para visualizar el futuro y acabarás encontrado el lado divertido de una situación absurda o te sentirás más tranquilo y relajado frente al resultado. Cuando te enfrentas con el miedo, puedes superarlo y dejarlo atrás. Este ejercicio disipará la energía que rodea a tu miedo. Probablemente descubrirás que tu vida mejora y que resuelves los problemas más eficazmente de lo que pensabas.

Observa lo que dices

Otra manera de cambiar las viejas creencias que nos limitan es dejar de reforzarlas hablando de ellas. Selecciona cuidadosamente tus temas de conversación y las palabras que empleas. Cuando evitas hablar de los problemas, reorientas tus pensamientos en otra dirección, lo cual acaba afectando a tu experiencia.

Si te quejas constantemente de lo terrible que es la vida, seguirás experimentándola de esa manera. Si criticas y te dedicas a chismorrear, tu energía mental y tus imágenes internas se centrarán en esas cosas y seguirás recreando las mismas situaciones.

Habla de lo nuevo y refuerza los conceptos ilimitados que deseas crear en tu vida. Si hablas de lo maravillosa que es tu vida y de lo agradecido que te sientes por todo, tus pensamientos seguirán ese flujo de conciencia y empezarán a crear situaciones acordes con ellos.

Solemos tener miedo de no saber qué decir si no hablamos de nuestros problemas. Otro temor habitual es que si nadie siente compasión por nosotros, no le importaremos a nadie. Si no hablaras de tus problemas, ¿de qué hablarías? Si no te centras en tus problemas dispondrás de más energía y tiempo para crear lo que deseas.

Asimismo, ten cuidado con las palabras que usas. Tu yo interno toma tus palabras literalmente. Si empleas frases como: «Estoy cansado de», «estoy harto de» o «me muero por», tu yo interior seguirá esa directriz y creará una situación en la que estés cansado, harto o muriéndote.

Hay ciertas palabras que cuando se emplean habitualmente refuerzan la falsa creencia de que la vida es una lucha constante y nuestras elecciones son limitadas. Éstas son algunas muestras:

Palabras victimistas y de lucha	Palabras positivas
Debería hacer esto	*Elijo* hacer esto
Tengo que hacer esto	*Deseo* hacer esto
Me siento obligado a hacer esto	*Haré* esto
Trataré de hacer esto	Me voy a *centrar* en hacer esto
Es un trabajo *duro* y esforzado	Es *fácil* y no requiere esfuerzo

Para mostrar la diferencia entre las palabras, cierra los ojos e imagina que estás en tu trabajo *tratando* de hacer algo antes de la hora de salir. Percibe lo que sientes y también lo que piensas y haces. Ahora imagínate en tu puesto de trabajo *centrado* en terminar algo antes de que acabe el día. ¿Notas la diferencia entre lo que te producen ambas palabras? El «tratar de hacer algo» es muy fácil de asociar con el estrés, el pánico y la agitación nerviosa. «Centrarse» implica una actitud más tranquila, más aguda y lúcida, con lo que la tarea que tenemos por delante resultará más fácil de realizar.

Si te dices a ti mismo «lo intentaré», tu mente no sabe qué hacer con esa palabra. No te has dicho que lo vas a *hacer,* sino que sólo vas a *intentarlo.* Si te dices «lo voy a hacer», entonces tu mente sabrá cómo actuar. Al hablar de «intentarlo», estás expresando conflicto interno, lucha, miedo al fracaso y dudas sobre tu capacidad de hacerlo.

Si te dices que «deberías» hacer algo, es muy posible que estés emitiendo un juicio sobre tu persona. Tal vez te consideres irresponsable o malo si no lo haces. Decir que «tienes» que hacer algo, implica que no tienes elección. Pero si dices que «*eliges* hacerlo», tú eres la persona que está al mando, la que toma las decisiones, el maestro de tu propia vida.

DISIPA LAS CREENCIAS CONFLICTIVAS

Puede ocurrir que deseemos tener cierta experiencia pero que nos parezca imposible. Cuando hay un conflicto entre creencias se genera confusión y frustración. Si damos mensajes cruzados a nuestro poder interno, obtendremos resultados mediocres. Quizá acabemos realizando nuestros sueños, pero a base de lucha y conflicto.

Para realizar nuestros deseos con facilidad y alegría debemos tomar conciencia de cualquier creencia que nos diga que no podemos o no debemos tener lo que deseamos. Debemos elegir conscientemente las creencias que favorecen nuestros deseos y fortalecen nuestro propósito. Si tienes un gran deseo de que te caiga la lotería pero en el fondo crees que tus posibilidades son mínimas, entonces lo más probable es que no te toque.

Si crees que ganar dinero sin trabajar duro no es ético, entonces, aunque te caiga la lotería, probablemente te sentirás culpable, sabotearás tu éxito y acabarás perdiendo el dinero de alguna manera. Si quieres tener una profesión satisfactoria, una relación amorosa o una situación próspera, debes creer que tus deseos pueden realizarse y confiar en que puedes lograrlo.

Existe otra razón que puede estar impidiéndote tener lo que deseas en la vida. Tal vez te sientas infeliz con tus actuales circunstancias, pero es posible que las estés eligiendo inconscientemente por los beneficios que te reportan.

Por ejemplo, si estás mal de salud, puede ocurrir que una creencia inconsciente te indique que obtienes más beneficios de estar enfermo que de estar sano. Es muy probable que recibas más amor y atenciones si estás enfermo, o que los demás no pidan o exijan mucho de ti. Quizá estar enfermo es la única excusa que te permites cuando quieres tomarte las cosas con más calma o dejar de trabajar tan duro.

Si temes asumir riesgos en la vida, estar enfermo te proporcionará la excusa perfecta para no tomarlos. Tal vez pienses que eres indigno y no mereces ser feliz, y ésa es una manera de castigarte. Puedes pensar que deseas estar sano, cuando, en realidad, tu creencia conflictiva te dice que es mejor estar enfermo. Para obtener lo que deseas, tienes que creer que tendrás más beneficios teniéndolo que no teniéndolo.

Muchas personas desean tener una relación amorosa, pero creen que son indignas o no merecen ser amadas. Puede que crean que la vida nunca les responde o que las relaciones son difíciles de encontrar. Mantener esas creencias conflictivas les hace seguir luchando con las relaciones. Si eres soltero y has estado luchando durante años para encontrar a la «persona adecuada», puede que creas que tu situación actual tiene más beneficios que comprometerte en una relación. Quizá la libertad sea importante para ti y creas que la soledad te permite ser más libre. Es posible que pienses que es más seguro estar soltero que tener que afrontar un posible rechazo o un abandono, y que experimentarás menos conflicto y sufrimiento si no tienes a nadie cerca que señale tus fallos. O tal vez pienses que todas las relaciones son como la de tus padres y no quieras entrar en ese tipo de vínculo.

Si temes comprometerte en una relación o sentirte atrapado atraerás a alguien con un problema similar. Crearás una relación que sea «segura» para ti. Es posible que te sientas atraído por alguien que viva lejos de ti, que ya esté implicado en otra relación, que viaje mucho o que tenga miedo de comprometerse. Así puedes evitar sentirte atrapado o establecer un compromiso a largo plazo contigo mismo. Si crees que tu atracción hacia esa persona es accidental, no lo es. Aunque conscientemente no conozcas las circunstancias de esa persona, atraerás al espejo perfecto: alguien que refleje tus creencias. Si quieres encontrar a alguien dispuesto a comprometerse, tú mismo debes estar dispuesto a hacerlo.

Una forma de aclarar las creencias en conflicto es hacer el siguiente ejercicio. Toma tres hojas de papel en las que anotar las respuestas. Piensa en algo que te gustaría tener en tu vida. Por ejemplo: más dinero, una relación amorosa, vacaciones, un cuerpo sano, más tiempo libre.

En la parte superior de la primera página escribe lo que sueñas conseguir.

En esa misma primera página escribe también las palabras: «En realidad no lo quiero porque...» Bajo ese título haz una lista de todas las cosas desagradables que conlleva el hecho de obtener lo que deseas. Por ejemplo, si quieres más dinero, las cosas desagradables que conlleva son: preocupación por tus inversiones, más impuestos, más responsabilidad, los celos de tus amigos o las necesidades de tus parientes que podrían estar esperando que les eches una mano. Escribe todo lo que se te ocurra, sin analizarlo ni descartar cualquier idea que pudiera surgir. Si se te ocurre algo, es que ya está en tu mente. Anótalo para poder tratar con ello. Sé sistemático para asegurarte de revelar cualquier creencia que te impida conseguir tus deseos. Haz esta parte del ejercicio ahora mismo.

Cuando hayas anotado todo lo que se te ocurra, escribe en la lista otras cinco respuestas más. Hazlo ahora mismo.

Y ahora escribe otras cinco. ¿Qué pensamientos y sentimientos surgen en ti cuando se te dice que sigas escribiendo? ¿Te sientes frustrado, impaciente o rebelde? ¿Te sientes atascado, confundido o desesperado? Percibe las pautas de comportamiento derrotista que van surgiendo para poder superarlas.

En la parte superior de la segunda página escribe: «No puedo tenerlo. No soy suficientemente capaz». Bajo este encabezamiento haz una lista de todas las razones por las que no puedes tener lo que deseas ahora mismo, hoy, en este momento. Por ejemplo, si deseas más dinero, es posible que creas que no puedes conseguirlo porque no te has esforzado lo suficiente, porque no eres tan afortunado como las personas que lo heredan, porque eres vago y no te gusta trabajar duro o porque no sabes hacer dinero. ¿Crees que no puedes tener ahora mismo, en este instante, lo que deseas porque «las cosas no son así» o porque «no es realista»? ¿Cómo son las cosas según tus creencias? ¿Hay que trabajar duro? ¿Tiene que costarte mucho tiempo?

Recuerda que estas creencias respecto a la naturaleza de la realidad son exclusivamente tuyas. Aunque dispongas de numerosas pruebas existenciales que las confirmen, no son necesariamente la verdad. Anota todas las razones que puedas pensar.

En la parte superior de la tercera página escribe: «No debo tenerlo. Soy malo». Bajo este título haz una lista de lo que temes que te podría ocurrir si obtuvieras lo que deseas y a continuación haz una lista de las razones por las que todavía no debes tenerlo. Si te cuesta pensar en razones por las que no deberías tener lo que deseas, escribe todo lo que no te gusta de las personas que lo tienen y ya tienes los juicios que completan tu lista. ¿Temes volverte egoísta, vago, o estar aburrido? ¿Sientes que no has pagado lo que debes o que todavía no has trabajado lo suficiente? ¿Habría otras personas que se sentirían celosas o inferiores y no quieres herir sus sentimientos? ¿Qué dice eso de ti? ¿Piensas que eres una mala persona por herir los sentimientos de los demás? ¿Temes ser alguien secretamente malintencionado y egoísta que sólo se preocupa de sí mismo? ¿Piensas que perderías motivación y que todo te daría igual? ¿Temes convertirte en un sabiondo arrogante? ¿Crees que conseguir lo que deseas haría de ti una persona menos espiritual? Una vez más, sé sistemático en tus respuestas.

Ahora empecemos a aclarar algo de estas creencias que nos limitan. Recuerda, si piensas que eres malo o que «no eres lo suficientemente bueno», limitarás tu poder divino para realizar tus sueños. A continuación te proponemos una lista de los pasos que puedes dar para cambiar tus creencias, percepciones y actitudes.

Primer paso

En primer lugar revisa la lista de razones que aparecen debajo de «en realidad no lo quiero». ¡Si la lista es muy larga no te extrañes de no haber conseguido el deseo! Busca las creencias que impiden su realización. Después observa tus respuestas y pregúntate: «¿Estoy seguro de que en realidad no quiero eso?» Por ejemplo, si crees que tus amigos y parientes empezarán a pedirte dinero, ¿estás seguro de que no te gustaría dárselo? Este primer paso revelará algunas de las razones por las que no tienes lo que deseas ahora mismo.

Segundo paso

Imagina un escenario diferente. Cambia de expectativas respecto a lo que podría ocurrir si tuvieras lo que deseas ahora mismo. Por ejemplo, si no te agrada la idea de tener mucho dinero por todas las complicaciones que conlleva, usa la imaginación para cambiar esa imagen. Imagina que encuentras un asesor financiero maravilloso y digno de toda confianza, al que le encanta su trabajo y que es un experto en aconsejar inversiones rentables. Ahora bien, si no confías en los asesores tienes otra creencia que revisar. Recuerda que la falta de confianza en los demás revela una falta de confianza básica en ti mismo. Si sientes que otros podrían timarte o mentirte, tal vez pienses que te has mentido a ti mismo o que has sido deshonesto.

Si temes aburrirte o no saber qué hacer con todo el dinero que deseas, imagina que te creas una vida emocionante y llena de viajes, que diseñas maravillosas obras de arte, que haces trabajo filantrópico o cualquier otra cosa que te fascine. A veces nos hacemos adictos a la lucha porque no queremos afrontar otros asuntos más profundos de la vida.

Si temes que tu compañero o compañera, tus padres o hermanos se sientan celosos o inferiores a causa de tu dinero, visualízalos felices, orgullosos y emocionados por tu buena fortuna. Y si te cuesta visualizar esta imagen, revisa tus creencias respecto a ellos. Si albergas prejuicios sobre ellos, estás limitando las posibilidades de vivir otras experiencias en su compañía. En contra de lo que se suele creer, la gente puede cambiar y cambia. Cuando cambies tus creencias, tus «espejos» también cambiarán. ¿Estás dispuesto a mirarlos desde esa nueva perspectiva?

Tercer paso

Si en las razones por las que no tienes lo que quieres están implicadas otras personas, cambia el sujeto de cada frase por «yo». Por ejemplo, si has dicho: «mis amigos pensarán que soy egoísta e insolidario», cámbialo por «pensaré que soy egoísta e insolidario». O puedes haber escrito: «Si tuviera mucho dinero, mi esposo sentiría miedo y podría dejarme»; cambia esa frase por: «Temo que pudiera dejarle». Si has expresado: «No gustaré a los demás», expresa por qué crees que no les gustarás. Este ejercicio te permite ver cómo te juzgas a ti mismo: «No me gustaría a mí mismo porque puedo volverme arrogante, egoísta, vago o desmotivado».

Cuarto paso

Ahora cambia todas las frases del tercer paso que empiezan con «yo» por «elijo ser ____». En lugar de decir «pienso que soy egoísta e insolidario», cámbialo por «elijo ser egoísta e insolidario». Si no ves que eliges ser de una manera determinada, no sabrás que tienes la capacidad de elegir otra cosa. Tenemos que hacernos responsables de nuestras elecciones; tenemos que responder de nuestros pensamientos, palabras y actos. De niño puedes haberte sentido desvalido o influenciable, pero ahora tienes la capacidad de hacerte responsable de tus propias decisiones y elecciones.

Quinto paso

Las afirmaciones contenidas en las listas anteriores deben contener algunas de tus creencias fundamentales sobre ti mismo y sobre la vida. Tu lista puede incluir afirmaciones como: elijo ser egoísta; elijo ser vago; elijo ser arrogante y malintencionado; elijo ser estúpido. Elijo tener miedo no es una afirmación pertinente porque «tener miedo» es un estado emocional, no un juicio sobre el propio carácter. Comprueba qué tipo de persona crees que tendría miedo para revelar lo que opinas de ti mismo; puede tratarse de una persona débil, estúpida o de pocas luces. En otras palabras, ¿cuál sería el punto débil que te haría tener miedo?

Ahora que eres consciente de los juicios críticos que emites sobre tu propia persona, una manera de librarte de ellos es aceptarlos y cambiar tu punto de vista sobre ellos. Resistirse o tratar de ocultarlos sólo les dará más poder sobre ti. Si los aceptas, podrás transformarlos.

Por ejemplo, si piensas que estás obsesionado con el trabajo, declara que así lo eliges y observa tu juicio desde una perspectiva más positiva. Thomas Edison estaba obsesionado con su trabajo y lo mismo les pasaba a los hermanos Wright y a Albert Einstein, aunque también podríamos decir que estaban comprometidos con sus creencias e ideales. Como puedes comprobar, estás en muy buena compañía.

Ante el juicio de que eres una persona vaga y desmotivada, la alternativa es pensar que te gusta disfrutar de la vida y tomarla como viene, sin estresarte. No tienes por qué asumir que los puntos de vista ajenos anulan los tuyos. Elige tus propias creencias y prioridades.

Sexto paso

El siguiente ejercicio está diseñado para ayudarte a *cortocircuitar* los viejos programas y eliminar las autocríticas. En este ejercicio puede que desees usar un espejo o pedir colaboración a un amigo.

Selecciona un juicio autocrítico básico para trabajar con él. Ponte frente al espejo o frente a tu amigo, mira a los ojos de la persona que está ante ti y repite continuamente la siguiente afirmación: «Elijo ser ____». Inserta la palabra o frase que te inquieta, la autocrítica que te desagrada. Por ejemplo: «Elijo ser vago e irresponsable», «elijo ser un sabelotodo arrogante», «elijo ser estúpido».

Sigue repitiendo esa frase hasta que te venga a la memoria el recuerdo de un rostro del pasado. Puede ser el de uno de tus padres, el de tu pareja, el de un hermano o cualquier otro pariente o el de un amigo. Una vez que tengas el recuerdo claro de esa persona diciéndote o insinuándote ese comentario, imagina que pronuncias tu afirmación directamente ante esa persona. No necesitas recordar cuándo te lo dijo ni si te lo dijo directamente, basta con que recuerdes que esa persona te hizo pensar que había algo malo en ti.

Por ejemplo, si recuerdas que tu padre te indicaba o te decía directamente que eras un vago y no valías para nada, imagina que le miras directamente a los ojos y le dices: «Elijo ser vago y no valer para nada». Repítelo una y otra vez. Para los que sintáis resistencia al realizar este ejercicio, recordad que si no tuvierais este mismo juicio sobre vosotros mismos tampoco percibiríais resistencia.

Al empezar a repetir la frase «elijo ser _____» puede que te sientas entumecido y no comprendas lo que estás diciendo. Se trata de una maniobra protectora para evitarte el sufrimiento. También es posible que sientas rabia o tristeza cuando empieces a recordar la irritación que te produjo ese comentario la primera vez que lo oíste. La rabia es otro de los ingenios protectores que empleamos para encubrir el dolor.

Continúa repitiendo la frase hasta que no sientas ninguna emoción intensa. El sufrimiento acabará disipándose cuando empieces a darte cuenta de que ese comentario no tenía nada que ver contigo. Era un juicio crítico que la persona tenía hacia sí misma porque era presa de su propio temor, por eso lo proyectó en ti. De niño no podías ser consciente de este hecho, te lo tomaste a pecho y creíste lo que te decía esa persona. Tu yo interno empezará a ver la situación tal como fue porque sabe muy bien quién eres en realidad.

El resultado final de este ejercicio es que podrás liberarte de la rabia, el dolor o el resentimiento contenidos durante años en lo más hondo de ti, y en cambio sentirás comprensión, compasión y perdón hacia esa persona. No tendrás que obligarte a perdonarle, más bien ése será el resultado natural de tu comprensión de la situación. Tras este ejercicio, esa crítica particular ya no contendrá ninguna carga para ti, ya no te juzgarás a ti mismo ni a los demás por tener esa cualidad. Si descubres que sigues sintiéndote molesto al escuchar esa palabra o frase, es muy posible que tengas que repetir el proceso hasta que hayas liberado toda la carga emocional.

Vivir este proceso puede suponer un gran esfuerzo, pero es mucho más fácil que ir por la vida con creencias derrotistas y críticas que te limitan. Apartarse de los hábitos autocríticos se volverá más fácil con el tiempo, y a medida que vayas siendo más consciente de tus pensamientos y creencias acabarás por no tener ningún prejuicio que quitarte de encima. Los nuevos hábitos de amor por ti mismo y autoconciencia se convertirán en tu forma de vida.

CAPÍTULO 6

Una mirada a las creencias que nos limitan

En ESTE CAPÍTULO revisaremos algunas de las creencias más comunes que pueden estar limitándote. Según vayas leyendo las siguientes páginas, percibe si estás de acuerdo con alguna de ellas y anota las ideas y sentimientos que suscitan en ti; a continuación trata de verlas desde otra perspectiva. Recuerda que si te crees incapaz de cambiar una situación, ni siquiera empezarás a mirar cómo cambiarla. Debes darte cuenta de que tienes el poder de hacer tus sueños realidad. Dejando atrás las creencias que te limitan puedes abrir la puerta a todo un nuevo mundo de posibilidades.

NO PUEDES TENER EL PASTEL Y AL MISMO TIEMPO COMÉRTELO

Éste es un ejemplo típico de mentalidad roñosa. ¿De qué sirve tener un pastel si no puedes comértelo? La premisa básica de esta creencia es que no puedes tenerlo todo. ¡Pero sí que *puedes*! Si tienes un pastel, por supuesto que puedes comértelo y disfrutar, y después, si quieres más, puedes fabricar otro pastel. Puedes fabricar todos los pasteles que quieras; la vida no es una dicotomía, una cosa o la otra. Puedes tener tu pastel y comértelo.

No hay suficiente...

Mucha gente piensa que no hay suficiente amor, dinero, alimentos, agua u otros recursos para que todo el mundo esté feliz y satisfecho, lo que sencillamente no es verdad. La fuente es infinita y nuestra capacidad de crear lo que necesitamos es ilimitada. Cuando empecemos a creer y a confiar en que hay suficiente para todos, dejaremos de reprimir nuestros deseos por temor a la escasez. Cuando empecemos a ver el Universo como totalmente abundante, crearemos abundancia en el mundo.

Cuando estaba en el instituto de secundaria, uno de los profesores dividió la clase en grupos y nos dijo que cada grupo sería un país. Se nos asignó una serie de puntos: los países pequeños tenían menos puntos que los grandes. El objetivo del juego era ganar el mayor número de puntos persuadiendo a los demás países para que unificaran fuerzas con el nuestro. Al final del juego el país que reuniera más puntos sería el ganador.

La cantidad de halagos, promesas, coerciones y mentiras que tuvieron lugar a lo largo del juego fue asombrosa. Algunos grupos intentaron robar países de otros ofreciéndoles tratos mejores. Cuando acabó el juego los ánimos estaban caldeados: la gente se acusaba mutuamente de mentirse y engañarse. La clase estaba muy ansiosa y tensa porque todos los grupos querían ganar. El profesor señaló que este juego revelaba por qué la guerra está presente en nuestro planeta; creía que el juego demostraba la naturaleza intrínsecamente ambiciosa y manipuladora de los seres humanos.

Me pregunto qué habría ocurrido si el profesor hubiera establecido otro objetivo distinto en el juego. ¿Qué habría ocurrido si el objetivo hubiera sido que cada país obtuviese el mismo número de puntos en lugar de ganar más puntos que los demás? Creo que habríamos jugado un juego completamente distinto. Si el objetivo hubiera sido compartir y hacer felices a los demás, habríamos tenido que dar y no sólo recibir. Ciertos grupos tendrían que haber recibido puntos, aunque eso también resulta difícil para algunos.

A muchos de nosotros se nos ha dicho que para ser felices y sentirnos realizados tenemos que competir con los demás e intentar ganarles. Debemos ser ganadores en algunas áreas de la vida, debemos conseguir un buen trabajo, posesiones, riquezas, un hogar, una pareja oficial y así sucesivamente. Se nos ha enseñado que nos corresponde sólo una porción determinada y que podemos perder, que los demás pueden arrebatarnos las cosas, o que si los demás tienen más que nosotros nos sentiremos «menos que ellos». En consecuencia competimos y luchamos mutuamente. También se nos ha enseñado que podemos ser víctimas y sufrir, y por tanto no confiamos en que los demás deseen nuestra felicidad. Otra de las enseñanzas recibidas es que si damos demasiado amor pareceremos estúpidos, por lo cual aprendemos a reservarlo para que los demás no se aprovechen de nosotros.

En definitiva todos deseamos lo mismo: amor, salud, felicidad y la realización de nuestros sueños más atesorados. Si creyéramos realmente en la abundancia ilimitada y en nuestra capacidad de crear cualquier cosa que deseemos por medio de nuestra conexión con la Fuente, no viviríamos con mentalidad de escasez. Si realmente comprendiéramos que el amor que damos no se pierde nunca sino que vuelve a nosotros multiplicado, elegiríamos ayudarnos mutuamente a realizar nuestros sueños en lugar de competir.

NO SOY SUFICIENTEMENTE VÁLIDO. SOY MALO

Si alguna vez te has sentido deprimido, enfadado, avergonzado o herido, entonces tienes una de estas creencias: «No soy suficientemente válido» o «soy malo». Las convicciones de este tipo surgen de una creencia esencial, la de que estamos separados de Dios; ésa es la causa de todas las experiencias negativas y problemáticas de la vida.

(El capítulo ocho nos ofrece un atajo para liberarnos de ella.) Desgraciadamente, las creencias erróneas hacen que reprimamos nuestro poder divino y creativo y retienen nuestro potencial. La verdad es que somos seres inherentemente amorosos y aunque no siempre nos guste nuestro comportamiento, no somos intrínsecamente «malos». Somos aspectos de Dios; somos sus hijos. Ante los ojos de nuestro Creador somos perfectos y siempre somos «suficiente».

HACE FALTA MUCHO TIEMPO

El tiempo no controla tu vida; eres tú quien la controla. Si quieres mejorar tu situación en la vida, no te quedes esperando. Cambia tus creencias, pensamientos y acciones ahora mismo.

Por ejemplo, si quieres cambiar de profesión no esperes a ver si el trabajo adecuado te cae entre las manos o si se te abre una oportunidad. No esperes a tener más tiempo para cambiar las circunstancias de tu vida. Tómate el tiempo que necesites, haz de ello una prioridad y cree en ti mismo. Decide lo que quieres que haya en tu nuevo trabajo, haz un plan y ponte en acción. No es el tiempo el que debe cambiar las cosas, sino tú.

Si crees que necesitas muchos meses para perder peso, así ocurrirá. Probablemente necesitarás el tiempo que creas necesario. Por supuesto que puedes querer perder peso poco a poco y darte tiempo para acoplarte a tu nueva imagen.

El tiempo necesario para conseguir tu objetivo dependerá de lo seguro que te sientas en el empeño. Si temes entrar en una relación íntima, puede que uses el tiempo como mecanismo de seguridad. Tal vez creas que debes realizar tus sueños y objetivos antes de poder tener una relación. Puede que temas que la relación te distraiga, te ralentice o te aparte del curso que te has marcado. Cuando cambies la creencia de que no es seguro tenerla ahora mismo, abrirás la puerta a esa nueva relación.

Si tienes miedo de vivir uno de tus sueños en el momento presente, respeta esa necesidad de posponerlo. Tal vez te sientas feliz pensando que acabará ocurriendo «con el tiempo» y no te importe quedarte esperando tranquilamente. Si haces del tiempo tu abogado, actuará de acuerdo a tus creencias; pero si crees que es tu enemigo, entonces lo será. Si sigues creyendo que algo no está aquí todavía, tú mismo estarás creando esa circunstancia.

Si crees que el amor, la riqueza, la salud o la felicidad nunca están aquí y *ahora*, entonces nunca las experimentarás aquí y ahora. Cuando empieces a creer que puedes vivir tus sueños ahora, empezarás a experimentarlos en este mismo momento.

ESTOY DEMASIADO OCUPADO

Estar demasiado ocupado es una forma de posponer las cosas surgida, una vez más, del miedo a no ser suficiente para tener lo que deseamos o a ser malo por el hecho de tenerlo. Alguna gente se mantiene muy ocupada para evitar sentimientos desagradables como el vacío, la soledad o la frustración. Otros lo hacen porque temen afrontar sus sueños y avanzar en sus vidas.

Dos mujeres que asistieron a uno de mis cursos, empleaban la excusa de «estoy demasiado ocupada» para evitar enfrentar su miedo al fracaso. Querían poner en marcha su propio negocio, pero cuando se les preguntó por qué no lo habían hecho aún, dieron excusas opuestas. La primera comentó que era soltera y no tenía a nadie que le ayudara a pagar las facturas mientras echaba a andar el negocio. La segunda mantenía que estaba casada y se sentiría culpable si se tomaba tiempo libre del trabajo para empezar su propio negocio mientras su marido la mantenía.

El problema real es que ninguna de ellas cree en sí misma ni se cree capaz de echar a andar un negocio propio, y por eso se mantienen tan ocupadas en su trabajo actual. Si creyeran en sí mismas e hicieran del nuevo negocio una prioridad, podrían tomarse el tiempo para crearlo.

Si quieres que tus sueños se hagan realidad, debes creer que tomarte el tiempo de crearlos es una inversión segura y debes estar dispuesto a soltar algunas de las cosas que te mantienen tan ocupado. Toma un momento para plantearte estas preguntas: ¿Estás demasiado ocupado como para vivir tus sueños? ¿De qué o de quién estás huyendo? ¿Crees que otras personas o las circunstancias externas dirigen tu vida? ¿Necesitas estar ocupado para sentirte importante? ¿Crees que eres un mal padre o una mala madre si no llevas a tus hijos a todas partes? ¿Crees que tu negocio fracasará si no trabajas lo suficiente? ¿Por qué eliges quedarte estancado en tu «frenética actividad»?

LA CULPA ES DE OTRA PERSONA

Si culpas a los demás de tus problemas, también les pedirás que te los resuelvan. Si crees que otra persona te impide ser feliz, pensarás que tienes que esperar a que él o ella cambie para poder ser feliz. Si crees que alguien puede impedirte alcanzar tus sueños, tal vez nunca los realices.

Quizá creas que estás destinado a ser limitado debido a tu infancia traumática, pero hay mucha gente que ha florecido a pesar de sus comienzos difíciles. ¿Por qué elegir centrarse en los momentos difíciles? ¿Qué creencias estás eligiendo? ¿Culpas a tus padres de tus problemas actuales? Puedes tener todas las justificaciones para sentirte terriblemente con tu pasado, pero eso no hará que te crees un futuro más brillante. Tus padres te han transmitido sus creencias, pero ahora puedes elegir otras.

Si dedicas tiempo y energía a culpar a los demás, tendrás menos tiempo y energía que dedicar a mejorar tu vida. Cuando reaccionas, no estás creando; no puedes hacer las dos cosas a la vez. Si te sientes constantemente alterado por otras personas o por las circunstancias externas, te quedará poca energía para crear lo que deseas en la vida. Culpar a los demás nunca te reportará felicidad ni plenitud.

DIOS NO QUIERE QUE CONSIGA LO QUE DESEO

La excusa definitiva es creer que «Dios no quiere que obtenga lo que quiero». ¿Crees que Dios se sienta en un trono y decide quién debe tener una vida difícil y esforzada y quién debe disfrutar de una vida fácil y lujosa? ¿Crees que hay una fuerza malvada que crea una vida de dolor para algunos de nosotros mientras Dios se sienta por allí y juzga qué tal lo llevamos?

Dios no juzga nuestras creaciones ni nuestras elecciones; somos nosotros quienes las juzgamos. Si piensas que Dios no quiere que tengas algo «por tu propio bien», cambia la palabra «Dios» por «mamá y papá». Cuando somos pequeños, nuestros padres y demás adultos nos niegan las cosas «por nuestro propio bien». Crecemos creyendo que no somos lo suficientemente sabios o maduros como para tomar nuestras propias decisiones. Aprendemos que alguien mayor o más sabio sabe lo que es bueno para nosotros; aprendemos a no confiar en nosotros mismos. Cuando dejamos atrás la idea de que nuestros padres son dioses infalibles, los sustituimos por otra autoridad.

Quizá hayas rezado y rogado a Dios que te conceda lo que deseas, pero aún no lo has recibido; eso podría explicar por qué crees que Dios no quiere que consigas lo que deseas. Pero mientras rezabas y rogabas puedes haber centrado tu atención en lo que no tienes y puedes haberte alineado con la idea de no tenerlo. Creas aquello hacia lo que diriges tu atención.

En lugar de centrarte en la idea de que no tienes, céntrate en tener lo que quieres. Si eliges estar sano en lugar de enfermo, céntrate en una imagen de ti mismo perfectamente sano, irradiando salud. Afirma que esa salud radiante es tuya y siéntete agradecido de que tus plegarias hayan sido escuchadas. Una maestro sólo afirma lo que desea una vez, después sigue con sus cosas sabiendo que ya lo ha conseguido. Si continúas rezando y pidiendo a Dios, estás expresando miedos y dudas respecto a la manifestación de tus deseos.

Cuando hables a Dios, afirma que eliges vivir tus sueños o simplemente céntrate en la imagen de lo que deseas. Si te has creado unas circunstancias muy poco agradables, reconoce que las has creado tú, afirma tu capacidad de crear otras circunstancias y cambia de elección. Cuando declaras estar comprometido con tus sueños, pones la energía en elegirlos más que en desearlos.

HACER MUCHAS COSAS O DAR DEMASIADO AGOTA MI ENERGÍA

Lo que realmente agota tu energía es la creencia de que dar demasiado o hacer demasiadas cosas te dejará exhausto. Tienes acceso a una fuente de energía inagotable en todo momento. Si crees que tu energía y recursos son limitados, si sientes que debes conservarlos para ti mismo, entonces sentirás que te falta energía. Alguna gente puede estar muy animada y alegre durante todo el día y al final de la jornada todavía les queda energía. Otros luchan por hacer unas pocas cosas cada día mientras se sientan apagadamente tras sus escritorios. Al final del día se sienten cansados e insatisfechos. La diferencia no reside en la cantidad de energía de que dispone cada uno, sino en sus creencias y actitudes ante la vida.

ENCONTRAR UNA BUENA RELACIÓN ES DIFÍCIL

¿Crees que tienes que buscar y luchar mucho para encontrar una relación amorosa? Si crees que es difícil encontrar un buen compañero o compañera estarás creando esa experiencia. Si dejas abierta la posibilidad de atraer a alguien fácilmente y sin esfuerzo, ¡tu compañero podría presentarse en tu puerta!

Una mujer que conozco tenía un fuerte deseo de casarse y tener hijos, pero vivía con su madre y trabajaba en su propia casa. Sus amigas le tomaban mucho el pelo diciéndole que nunca encontraría a nadie a menos que saliera y se mostrara disponible. Esta mujer creía firmemente que no tenía por qué hacer nada que fuera ajeno a su estilo de vida; no le gustaba salir y disfrutaba quedándose en casa. Creía de todo corazón que su pareja se presentaría mientras ella estaba haciendo las cosas que le gustaba hacer y permanecía fiel a sí misma. Un día su futuro marido se presentó en la puerta de su casa. Era el hermano del amigo de su hermana, que había venido a dejar algo para ella. Poco después se casaron y tuvieron dos hijos preciosos.

HOMBRES Y MUJERES TIENEN QUE TENER PROBLEMAS PORQUE SON MUY DIFERENTES

Esta creencia nos hace pensar que tendremos luchas e infelicidad en nuestras relaciones incluso antes de empezar. No es el sexo de una persona lo que determina sus valores o comportamientos, sino sus creencias. En contra del estereotipo popular, no todos los hombres temen comprometerse. Algunos hombres desean profundamente el matrimonio mientras que algunas mujeres desean ardientemente su independencia. Algunos hombres son grandes comunicadores mientras que otros temen la intimidad. Algunas mujeres expresan sus sentimientos con libertad mientras que otras no desean abrirse emocionalmente. Todos tenemos el mismo deseo de ser amados por lo que somos. Si pensamos que los problemas van ha surgir inevitablemente porque somos muy diferentes y necesitamos cosas diferentes, entonces estados destinados a tenerlos. Pero si vemos que los problemas surgen porque nuestras creencias son diferentes, quizá lleguemos a ver que podemos crear armonía en nuestras relaciones cambiando de creencias.

LA GENTE NO CAMBIA

La gente cambia; puedes pensar que no cambia si mantienes las mismas creencias y puntos de vista respecto a los demás. Pero el problema en este caso no es si la gente puede cambiar o no, sino creer que son los demás los que *necesitan* cambiar. Si piensas que son los demás los que deben cambiar, en realidad te estás juzgando a ti mismo. Has de entender que tal vez necesites mirar dentro de ti y cambiarte en lugar de intentar que cambien los demás. Cuando cambies las cosas que te disgustan de ti mismo, no te molestarán los fallos de los demás; quizá ni siquiera llegues a percibirlos. Al menos percibirás a los demás de otra manera y ellos también podrán notar tu cambio.

QUERERME ES EGOÍSTA

Quererte no es egoísta en absoluto. Cuanto mejor te sientas contigo mismo, más feliz serás, y cuando eres verdaderamente feliz quieres que todos los demás también lo sean. La energía feliz y amorosa crea un entorno que atrae a los demás a tu alrededor y te permite recibir todavía más amor.

Los que no se quieren a sí mismos son los que temen que nadie les va a querer y sienten que tienen que acumular bienes materiales, protegerse o dominar a los demás. Temen que nadie les dé nada ni haga nada por ellos, por lo que deben hacerlo todo por sí mismos.

Quererte a ti mismo no significa volverte arrogante ni estar únicamente a tu servicio. El miedo a parecer arrogantes o egoístas ha impedido a mucha gente experimentar su verdadero poder y divinidad. En lugar de considerarte malo y retenerte por miedo, atrévete a amarte a ti mismo.

En realidad, quererse y ser feliz es la actitud más desprendida, porque permites a los demás que se quieran y sean felices. La gente que se quiere y confía en sí misma es la que crea un entorno más seguro porque apenas tiene prejuicios, lo que permite a los demás abrirse y ser ellos mismos. Como saben que pueden contar consigo mismos, no necesitan competir ni dominar a los demás.

Si tengo éxito los demás no me querrán

La gente suele temer que si es feliz, próspera y exitosa, los demás les tendrán envidia y les retirarán su amor, o se sentirán inferiores y sin valor.

Ser feliz y exitoso no significa que no vayas a gustar a los demás. Mucha gente admira y se siente inspirada por las personas felices y exitosas; date cuenta de todos los que orbitan alrededor de las celebridades.

Las limitaciones que nos ponemos por temor a no ser amados son increíbles. Muchos preferirían trabajar menos tiempo y ganar más dinero, pero se sentirían culpables si lo hicieran. Temen que los demás se sientan celosos y ya no les quieran. A menudo sacrificamos nuestra felicidad y nos retenemos para quedarnos en el «pozo» con todos los demás porque creemos que es lo más amoroso y compasivo que podemos hacer por ellos. Incluso es muy posible que tratemos de rescatarles, ayudándoles a salir del pozo antes que nosotros.

Desgraciadamente los demás también sienten el mismo temor a que se les considere egoístas y no se les quiera si son los primeros en conseguir el éxito. En consecuencia, todo el mundo se siente seguro quedándose hundido, luchando y sufriendo juntos. La creencia de que debemos sacrificarnos para ser amados o sentirnos solidarios no hace sino limitarnos y no ayuda a nadie. Tan sólo indica a los demás que ellos también deben sacrificarse para probar que merecen ser amados. Es mejor atreverse a ser el primero en triunfar, arriesgándose a tener que afrontar la envidia, el rechazo y los juicios de los demás, para poder ayudarles a salir mostrándoles el camino.

Una madre soltera llamada Rhonda trabajó muy duro durante años para salir adelante con su hija. Rhonda se sacrificaba constantemente por la niña, y sus esfuerzos solían dejarle agotada; no se daba cuenta de que estaba enseñando a la pequeña el camino del sacrificio. Un día se enteró de que su hija estaba considerando la posibilidad de no ir a la universidad porque se sentía culpable de dejar a su madre sola después de todos los sacrificios que había hecho. Temía que su madre se sintiera sola e infeliz si ella faltaba y, como le quería mucho, deseaba emularla sacrificándose como ella.

Cuando Rhonda se dio cuenta del efecto que su actitud tenía en su hija, decidió cambiar de vida. Se dio cuenta de que a menos que ella misma viviera una vida plena y feliz, su hija nunca sería libre de alcanzar sus propios sueños. Las dos acabarían sacrificando sus intereses y viviendo una vida esforzada e ingrata. En lugar de caer en el viejo hábito de la madre sacrificada, Rhonda empezó a vivir una vida más plena, inspirando así a su hija a realizar sus metas.

Ama tanto a los demás como para abrirles el camino. Crea amor, abundancia, alegría, salud y plenitud en tu vida para mostrar a los demás que es posible hacerlo. Las personas de éxito pueden ayudar a los demás a comprobar que ellos también pueden liberarse de los límites habituales y conseguir sus objetivos.

MIS PENSAMIENTOS Y SENTIMIENTOS NO TIENEN NINGÚN EFECTO EN MI SALUD CORPORAL

Sabemos que los pensamientos y estados emocionales afectan nuestra salud. La medicina occidental ha demostrado que hay un vínculo entre el estrés y la presión sanguínea elevada, las migrañas, los ataques al corazón y otras enfermedades. Ocurren más ataques al corazón los lunes a primera hora que en cualquier otro momento de la semana. La fatiga mental, la tensión emocional, la insatisfacción laboral y la infelicidad en general son factores que contribuyen a los problemas de salud.

Trabajando con pacientes de cáncer, SIDA y otras enfermedades potencialmente mortales, descubrí que todos tenían profundos sentimientos de culpa o ira sin resolver que les habían estado comiendo por dentro. Todos recordaban algún momento en el que habían pensado que no debían estar vivos, que no se lo merecían, o habían sentido deseos de morir. Algunos de ellos habían experimentado esos sentimientos durante muchos años.

Creo que una de las causas de la proliferación de ciertas enfermedades como el cáncer o el SIDA es la increíble cantidad de atención que les dedicamos. Vayas donde vayas, la gente habla del cáncer o del SIDA. El miedo a dichas enfermedades ha captado nuestra atención e impregna nuestra conciencia, y cualquier cosa a la que dediquemos energía no hace sino incrementarla. Si queremos librarnos de ellas tenemos que dejar de darles poder y energía a través de nuestra atención. Debemos centrarnos en la solución, no en el problema. No es la gente que odia las enfermedades la que acabará con ellas, sino la que dirija su atención a la salud y el bienestar, disipando el miedo que les rodea y disminuyendo así su impacto sobre la humanidad.

Muchas enfermedades tienen causas mentales y emocionales. Los problemas físicos suelen empezar con dilemas mentales o emocionales que no han sido tratados ni resueltos en su propio ámbito. La enfermedad física es una forma de hacerte saber que algo no marcha bien en tus creencias y emociones. Si crees que ciertos alimentos te harán enfermar y dejas de comerlos, tu yo interno encontrará otra manera de llamarte la atención. Muchas gente limita drásticamente su dieta porque cree que los alimentos son la causa de sus problemas, mientras que se desentiende de las causas mentales y emocionales.

No importa a qué tipo de profesional de la salud acudas, lo importante es *creer* que puedes curarte y que te curarás. Las creencias tienen un profundo efecto sobre el cuerpo. Si tienes exceso de peso, es posible que hayas estado añadiéndote capas de forma inconsciente para protegerte o porque crees que los demás se sentirán menos amenazados por ti. Puede que creas que es normal ganar algo de peso con la edad o que la falta de ejercicio te hace engordar. También puedes creer que tienes una tendencia innata a engordar o que acabarás pareciéndote a tus padres. Tu cuerpo se conformará según tus creencias y la imagen que tengas en mente. Para cambiar tu cuerpo o tu estado de salud, debes cambiar de creencias.

Cuando sientas dolor o te encuentres enfermo, lleva la atención hacia esa zona de tu cuerpo y pregúntale qué quiere y necesita; a continuación pon en práctica la respuesta.

Después de aprender sobre esta técnica, David, un alumno mío, compartió su experiencia. Había estado experimentando un dolor crónico en la espalda. Cuando se llevó las manos a esa zona y pidió a su espalda que le dijera lo que tuviera que decirle, vio una imagen mental de su padre. Su rostro aparecía preocupado y ansioso; al momento David se dio cuenta de los pensamientos y de la energía almacenados en su espalda.

Unos meses antes, poco antes de que empezaran los dolores de espalda, David supo que iba a ser promocionado en su trabajo y que le aumentarían el sueldo. Se dio cuenta de que se sentía culpable de progresar porque por primera vez estaba sobrepasando los logros de su padre, al que quería mucho y que había trabajo duro para mantener a la familia, pero nunca había llegado a tener mucho dinero. David temía que su éxito le hiciera sentirse inferior; la culpabilidad le impedía avanzar en su vida y le había producido el dolor de espalda.

Cuando David pidió una solución para su dilema, su voz interna le explicó que en realidad su padre se sentiría orgulloso de él. Además de resolver su culpabilidad, David tenía que ir a ver a su padre y darle las gracias por el apoyo y la orientación recibidos a lo largo de los años. Se dio cuenta de que si su padre se sentía responsable del éxito de su hijo, en lugar de sentirse inferior se sentiría más realizado y vería que todo su trabajo había merecido la pena. David siguió el consejo de su voz interna y a los pocos días su dolor de espalda desapareció completamente.

TENGO QUE TRABAJAR DURO PARA CONSEGUIR MÁS DINERO

Algunos creen que cuanto más duro trabajen, más dinero conseguirán, pero no hay muchas pruebas de que esa creencia sea verdad. Los mineros y peones de la construcción trabajan mucho más duro que los oficinistas, que están todo el día cómodamente sentados y hablando por teléfono; sin embargo éstos suelen ganar más dinero que los primeros. Hay mucha gente que a pesar de trabajar duro nunca realiza sus sueños y acaba tensa, frustrada, enferma, desilusionada y sin dinero. El trabajo duro no garantiza que vayas a hacer dinero.

Una mujer que conozco trabajaba entre sesenta y cien horas semanales. Ganaba un modesto salario trabajando en un teatro de variedades durante el día, por la noche y todos los fines de semana en los que había actuación. Cuando lo dejó y empezó su propio negocio, eligió trabajar menos de veinte horas semanales y sin embargo ganaba tres veces más dinero. Había cambiado su creencia de que tenía que trabajar duro para prosperar.

El dinero es la causa de todos los males

El dinero fue creado para ayudarnos a interactuar e intercambiar servicios sin tener que llevar ganado u otros productos de aquí para allá. Muchos piensan que el dinero es la causa de todos los males, pero en sí mismo no es malo, sólo se trata de billetes y monedas. Algunos abusan de los demás por sus creencias erróneas y limitadas: piensan que no hay dinero para todos o que tienen que hacer daño a los demás para conseguirlo.

Si haces del dinero un enemigo o lo consideras malo, no debe sorprenderte que tu relación con él sea más bien difícil. Si crees que el dinero sólo producirá desgracias, no te permitirás tener mucho. Tienes que hacerte amigo del dinero, apreciarlo, reconocerlo y amarlo sinceramente. Todo responde al amor, incluso el dinero.

Una amiga mía llamada Michelle se quejaba constantemente de lo mucho que le disgustaba el dinero; creía que era la causa de todos sus problemas. Por supuesto, siempre estaba en números rojos. Después de comentarle que nunca atraería dinero si lo despreciaba, decidió hacerse amiga suya. Como le encantan los delfines, se imaginó que el dinero eran como pequeños delfines que venían a jugar con ella. Se divertía tanto con esa imagen que empezó a sentir una sincera amistad hacia el dinero y pronto dejó de ser un problema para ella. Ahora Michelle respeta el dinero y disfruta de él.

EL DINERO NO TE DARÁ LA FELICIDAD

Ésta es una de esas creencias destinadas a amansarnos y hacernos creer que no debemos tener todo lo que deseamos. Hay muchas personas que se sienten perfectamente felices de tener mucho dinero y poder gastarlo como les place. El dinero te dará la felicidad si crees que así va a ser. Por supuesto que el dinero no es la fuente de tu felicidad, pero nada externo a ti es la fuente de tu felicidad ni de tu ira ni de tu tristeza. Tú mismo eliges creer lo que te hará feliz. El dinero puede hacerte feliz o infeliz; es una elección y una creencia que dependen de ti.

Si crees que tener abundante dinero te hará feliz, entonces será así, pero si crees que nunca nada te hará feliz y que la vida no funciona para ti, ni siquiera el dinero te hará feliz.

MI TRABAJO ES LA FUENTE DE MI ABUNDANCIA Y SEGURIDAD

Tu empleo no es la fuente de tu prosperidad. Nada externo a ti es tu fuente; tu única Fuente es la Inteligencia

Infinita y como estás conectado con ella constantemente, todo es posible y está a tu disposición.

Tu trabajo no es la fuente de tu seguridad. La verdadera seguridad consiste en creer y confiar en nosotros mismos y en nuestra conexión con la Fuente. Cuando creemos que la fuente es externa a nosotros, vivimos en el miedo y en la incertidumbre de que pueda desaparecer.

Si comprobamos que el dinero y otros tipos de beneficios pueden venir de cualquier parte, incluso de lugares insospechados, no limitaremos nuestras posibilidades. Para cambiar tus conceptos y expandir las posibilidades respecto a la procedencia del dinero, imagina que puedes recibir dinero independientemente de lo que hagas con tu tiempo. Visualiza que te llega dinero de donde no esperas; imagina que fluye y te viene de todas partes. Imagínate cogiéndolo con las manos o dándolo generosamente a los demás. Ten la certeza de que puedes acceder plenamente a este dinero que está siendo creado para ti. No tienes que quitárselo a otros ni trabajar duro para conseguirlo. Tras completar este ejercicio quizá notes que te empieza a llegar dinero u otras formas de riqueza.

Una pareja que conozco dedicaba cinco minutos diarios a imaginar que el dinero les llovía del cielo. De repente, un día recibieron una llamada de un programa concurso de la televisión para invitar a la esposa a tomar parte en él. A ella le gustaban mucho este tipo de programas, pero no había planeado participar ni tenía ninguna preparación. La coincidencia y la simultaneidad hicieron que recibiera la invitación y ganara cuatro millones de pesetas.

Puede parecer que la única manera de que te llegue el dinero es trabajando duro o luchando por él. Creer que el dinero se presenta mágicamente puede parecer totalmente imposible, pero recuerda que nuestra percepción de la realidad es limitada. Lo que creemos respecto al dinero es algo aprendido; estamos condicionados para creer en el trabajo duro y la dificultad.

¿Por qué no tener en cuenta otras posibilidades? Imagínate haciendo lo que más te gusta hacer y después imagínate que te va llegando el dinero.

¿Qué creencias te impedirían recibirlo con los brazos abiertos? ¿Te sentirías culpable? ¿Temes que te acusen de ser vago e improductivo? ¿Crees que sólo los más afortunados no necesitan trabajar para ganar dinero? ¿Por qué no estás entre ellos?

Hemos aprendido a creer que el dinero es producto del trabajo duro y que si no trabajamos no tendremos dinero. Pero hay personas que tienen dinero sin trabajar y otras que no lo tienen a pesar de su duro trabajo. Se puede recibir dinero heredado, ganarlo con el trabajo y conseguirlo por medio de inversiones. Las formas de hacer que el dinero y otras formas de riqueza lleguen a ti son muy numerosas, pero primero debes dejar de creer que el dinero sólo puede ser producto del trabajo.

PARTE IV

Crear nuevas creencias

CAPÍTULO 7

Vive la vida de tus sueños

«Para volar tan rápido como el pensamiento, es decir, a cualquier lugar, debes empezar por saber que ya has llegado.»

RICHARD BACH, *Juan Salvador Gaviota*

AHORA QUE HAS APRENDIDO a cambiar y a liberarte de las creencias que te limitan, he aquí algunos de los pasos que pueden ayudarte a crear la vida de tus sueños.

EL PODER DEL AMOR

Una de las maneras más directas de crear lo que deseas es usar el poder del amor. La energía amorosa siempre atrae lo que deseamos en la vida. Si quieres un cuerpo sano y atractivo, ama tu cuerpo. Valora el hecho de que está a tu servicio y reconoce que ha cooperado con tus imágenes internas asumiendo una forma sana para ti. Cuídalo y sé bueno con él, mímalo y dale comodidad, y él reflejará tu amor.

Si quieres tener un nuevo trabajo, asegúrate de que amas esa profesión. Imagina el amor que sientes por el proceso de escribir, de pintar, de publicar, de enseñar, de trabajar de ingeniero o en el mundo de los ordenadores, o de aprender sobre el mercado de valores. Siente calidez, pasión y emoción por lo que quieras hacer.

Si quieres una relación amorosa, ámate a ti mismo y a los demás. Siente amor y compasión por todos. Cuando sientes amor, lo atraes hacia ti. Para ayudar a la gente a tomar conciencia del amor me gusta usar la siguiente analogía: si quisieras apreciar la belleza y la magia de Hawai, viajarías a ese estado, donde podrías experimentar todo lo que ese lugar tiene que ofrecer: brisa tropical, aguas cálidas y transparentes, frutas deliciosas, eventos culturales interesantes, el espíritu *oloha* de los nativos, la música hawaiana, y así sucesivamente.

Si quieres sentir lo que el amor tiene que ofrecerte, entra en el estado del amor. ¿Cómo imaginas que serán los nativos del estado del amor? ¿Qué sensaciones te produciría el entorno estando en ese estado? ¿Qué sentimientos experimentarías si estuvieras viviendo en el estado del amor? ¿Te sentirías generoso y desprendido, paciente y comprensivo, confiado y abierto al perdón? ¿Verías que los demás son perfectos a su manera? Trasládate al estado del amor y experimenta todo lo que tiene que ofrecerte.

SIGUE TUS PROPIOS PASOS

Otra forma simple de crear lo que deseas es seguir los pasos que diste para tener éxito en otra área de tu vida. ¿Qué has creado que te haya dejado muy satisfecho? ¿Cómo lo hiciste? Para descubrir las creencias que son operativas para ti, plantéate las siguientes preguntas: ¿Cómo atrajiste a esa persona, suceso u objeto a tu vida? Anota los pensamientos, sentimientos y expectativas que tenías y los pasos que diste.

Ahora piensa en algo que desees en este mismo momento para tu vida. ¿Estás siguiendo los mismos procedimientos? ¿Estás teniendo pensamientos o emprendiendo acciones similares a las que te llevaron al éxito? Un asistente a uno de mis cursos me contó lo contento que estaba de tener un coche nuevo. Cuando le pregunté cómo lo había conseguido, me dijo que para empezar decidió que ya era hora de cambiar de coche y después hizo una lista de los elementos que le parecían importantes en un coche. Buscaba comodidad, economía, estética, resistencia y rendimiento. A continuación investigó los coches que recibían una puntuación elevada en esas categorías. Planificó la financiación, examinó muchos coches y eligió el que más encajaba dentro de sus criterios.

Cuando le pregunté qué le gustaría tener que no tenía, me respondió que deseaba una nueva profesión. Entonces le pregunté si estaba siguiendo los mismos pasos para conseguirla y me dijo que no, que ni siquiera había dado el primer paso: decidir que había llegado el momento de cambiar de profesión. Evidentemente aún no podía tenerla; la tendrá cuando se decida a dar pasos similares a los que dio para comprar el coche. Está claro que ése es un modo de funcionar operativo para él porque ya le ha dado resultados.

Un amiga mía montó un negoció muy rentable y provechoso. Estaba muy contenta de sus logros pero a continuación quería una relación amorosa. Entre los pasos que había dado para crear el negocio de sus sueños estaba el de decidir qué era lo que más le gustaba hacer. También había decidido que la emoción y las posibles ventajas de tener su propio negocio le compensaban por todos los riesgos que tenía que asumir. Verdaderamente *creía* que podía conseguir el éxito, lo que le permitió superar todos los obstáculos y miedos permaneciendo centrada en su objetivo. No abandonó hasta conseguir su meta.

Cuando le pregunté si había dado los mismos pasos para crear una relación en su vida, me dijo que no. Había pensado que le gustaría tener una relación, pero no estaba tan determinada a crearla como lo había estado con sus otros objetivos. Admitió creer que no podría mantener una relación mientras aún estaba montando su negocio. No me sorprendió que todavía no hubiera encontrado la relación deseada.

Anota los pasos que hayas dado para conseguir con pleno éxito uno de tus objetivos y comprueba si estás siguiendo el mismo método para lograr otras cosas. Puede que ésta no sea la única forma de conseguir tus objetivos, pero es evidente que tu fe en ese método te ha funcionado.

Céntrate en la solución

Para crear lo que deseas utilizando tus nuevas creencias, no te centres en el problema sino en la solución. Si diriges tu atención hacia el problema, únicamente lo aumentarás y reforzarás. Cuando diriges la atención hacia la solución, refuerzas tu fe en su existencia y eso te permite empezar a ver las posibles salidas de la situación.

Usemos los deportes como ejemplo de lo que es dirigir la atención hacia la solución. Si un jugador de golf quiere meter la pelota en un hoyo, dirige su atención hacia el hoyo y no hacia los lugares donde teme que vaya la pelota. Cuando visualiza la bola entrando en el agujero, está enviando un mensaje a su cuerpo, que a su vez realizará ajustes sutiles para conseguir ese objetivo. Si el jugador de golf tuviera que dirigir la atención hacia todo lo que teme que pueda pasar, si se imagina la bola encallada en la arena, es mucho más probable que la bola acabe desviándose de su trayectoria. Cuando diriges la atención a un objetivo, tus energías físicas, emocionales y mentales apoyan ese objetivo y tratan de crear el resultado deseado.

Pide y recibirás

Esta declaración ha sido hecha por muchos de los maestros espirituales de la humanidad. La promesa es muy simple: pide y recibirás. No tiene anexos ni pliegos de condiciones. No se dice nada de «siempre que te lo merezcas» o «si es para tu mayor bien» o «si es el momento oportuno». Pide y recibirás. Lo único que tienes que hacer es creer que es verdad y «según creas, así se hará en ti».

DI TUS PALABRAS

«En el principio era el Verbo.» Dios creó usando palabras; la palabra tiene poder creativo. Pronuncia tus palabras y llama lo que deseas a la existencia. Después confía en que lo que has dicho está siendo creado ahora mismo. Date cuenta de que Dios no tiene juicios sobre lo que deseas crear en tu vida. Mientras no limites tus capacidades creyendo que eres malo o insuficiente, verás que siempre estás conectado con la Fuente y podrás crear lo que quieras.

CONFÍA

La confianza viene de creer y saber que lo que deseas es tuyo. La confianza no es esperanza ciega; está basada en un conocimiento interno. Cuando eliges un objetivo y tienes la intención clara de conseguirlo, confía en que tu yo interno y la Infinita Inteligencia te ayudarán.

Cuando surja un deseo en ti, confía en él y confía también en tus impulsos de actuar a partir de ese deseo, porque así es como tu yo interno se comunica contigo. Tus impulsos te harán avanzar espontáneamente en la dirección de tus sueños; la Inteligencia Infinita dispondrá los detalles y creará el suceso de manera más mágica y con menos esfuerzo de lo que tú podrías hacerlo por ti mismo.

Imagina que has decidido viajar a otro país. Decides un destino, afirmas tu intención de ir allí y reservas un vuelo. Cuando el avión acelera por la pista de despegue eres consciente de que te estás moviendo hacia delante. Puedes sentir el impulso del avión y la presión sobre tu cuerpo; son señales evidentes de que estás en movimiento. Asimismo, cuando eliges un objetivo y empiezas a avanzar hacia él puedes sentir tu propio movimiento. Sabes que está pasando algo porque percibes los cambios.

Sin embargo, una vez en el aire ya no tienes la misma sensación de movimiento. Aunque te mueves mucho más deprisa que en el suelo, tienes la sensación de no moverte en absoluto. En este punto, cuando parece que no está pasando nada, la mayoría de nosotros sentimos pánico y pensamos que debemos hacer algo para seguir avanzando. En vez de confiar en que todo está en proceso y nuestro deseo viene de camino, empezamos a pasear por los pasillos del avión pensando que eso nos ayudará a llegar más deprisa a nuestro destino. Cuando caminamos hacia la cabina, podemos sentir que lo tenemos todo bajo control y estamos progresando, pero a continuación tenemos que dar la vuelta y caminar hacia la cola. Entonces nos parece que todo el progreso alcanzado se pierde, que hemos perdido contacto y en lugar de progresar estamos yendo hacia atrás. Sin embargo, el avión sigue avanzando hacia su destino.

Tu visión e intención activan el proceso, y la Inteligencia Infinita emprende la creación de tus deseos. Si temes y dudas de que tu deseo se vaya a manifestar, estarás dificultando el proceso. Si diriges tus pensamientos hacia la vieja imagen, tu yo interno la recreará.

A veces lo que necesitamos es sentarnos, relajarnos y quedarnos en un estado de quietud interna mientras confiamos en que el universo nos lleve a nuestro destino. Deja que ocurra la magia y mantén apartados tus miedos y tus dudas. Cuanto más tranquilo y confiado estés, más fácil te resultará oír la voz interna, la voz que te guiará hacia tu paso siguiente.

Cuando confías, los pasos requeridos para crear tus sueños son muy simples. Confía en que tus deseos son válidos, en que es bueno que vivas tus sueños. Confía en tu voz interna y en tu **intuición**: ellas te señalarán los pasos que debes dar. Confía en que tu deseo se está manifestando ahora mismo porque, aunque parezca que no está pasando nada, tus intenciones han puesto en marcha el proceso, y la Inteligencia Infinita se está haciendo cargo de los detalles.

PERMANECE EN EL PRESENTE

Permanecer en el momento presente es un paso importante para crear lo que deseas. Nuestro poder reside en estar en el presente. Si estamos siempre anclados en el pasado o pendientes del futuro no tendremos energía para hacer nada aquí y ahora. Es importante mirar al futuro, visualizar un objetivo y ver en qué dirección avanzar, pero después debemos volver al momento presente y permitir que nuestra intuición nos indique los pasos a dar.

Una forma de estar en el presente es prestar atención a la respiración, porque cuando lo hacemos no nos sentimos estresados ni preocupados por el pasado y el futuro. Es un simple recordatorio que te ayuda a centrarte en el momento en el que estás.

Imagina que estás en un bote de vela en medio del océano. Divisas a lo lejos una isla a la que quieres llegar, pero mientras te diriges hacia allá te mantienes atento a tu entorno inmediato. Prestas atención al bote, a las velas, al timón y al mar que queda directamente delante de ti porque quieres divisar las rocas u otros obstáculos que puedan aparecer en tu camino. Al mismo tiempo que mantienes la visión global, permaneces en el presente y aprecias el viaje. Ésta es una de las mejores formas de realizar tus sueños sin tener que luchar.

ORACIÓN

La oración es una forma maravillosa de reconocer, recordar y reconectar con el poder divino. Orar no implica necesariamente suplicar e implorar lo que deseamos. La petición y la súplica se basan en el miedo y no hacen sino reforzar la creencia de que no tenemos lo que deseamos. La Inteligencia Universal ya conoce lo que deseamos en nuestro corazón. Si tememos o dudamos de que nuestro deseo se vaya a manifestar, nos ponemos trabas en el camino e impedimos que ocurra el proceso fácilmente y con fluidez. Si tienes fe, si sabes, si verdaderamente crees, puedes mover montañas.

Podemos usar la oración para afirmarnos y dar gracias, sabiendo que aquello que imploramos ya existe. La afirmación «no mi voluntad, sino la tuya» no indica que haya oposición entre tu voluntad y la voluntad de Dios, más bien te recuerda que sólo hay una voluntad: la de Dios. Tu voluntad no está separada de la suya. Si deseas algo, ése es el deseo de Dios. No hay otros deseos que los deseos de Dios. No hay otra voluntad que no sea la suya. Es verdad que tenemos libre albedrío y podemos crear cualquier cosa que elijamos, pero sigue siendo la voluntad de Dios. Nuestros deseos y nuestra voluntad no están separados de los suyos porque nosotros no estamos separados de Dios: nuestros deseos proceden de Dios.

¿Cómo sabrás que las creencias ya no te limitan ni te impiden obtener lo que deseas? ¿Cómo sabrás si realmente te estás queriendo a ti mismo y estás creyendo en tus sueños? Es muy simple, tus sueños se harán realidad.

CAPÍTULO 8

Un atajo hacia la felicidad y la plenitud

*L*A CREENCIA ESENCIAL, base de todos nuestros problemas y de nuestra infelicidad, es la de considerarnos separados: separados de Dios, separados unos de otros, separados de nuestro yo interno y separados de lo que deseamos crear. Mientras creamos que estamos separados de Dios, de nuestra Fuente, no conoceremos el gran poder creador de que disponemos. No sabremos que estamos alineados con Dios y podemos acceder a su Reino, a cualquier cosa que deseemos, en todo momento.

Si consideramos que Dios es la Inteligencia Universal, omnipresente, omnisciente y omnipotente, veremos que es imposible separarnos de Ella. Omnipresente significa presente en todas partes; no podemos separarnos de Dios, que está tan cerca de nosotros como la respiración. Omnisciente implica que lo conoce todo; estando conectados con Dios tenemos acceso a todos los conocimientos. Omnipotente significa que lo puede todo; es el único poder que existe. Si Dios es todopoderoso, no puede existir un poder separado, y en especial otro poder que se oponga al suyo.

Una gota de agua no es toda el agua del océano, pero

sigue siendo agua con todas sus propiedades. Un rayo de luz no es toda la luz que existe, pero sigue siendo luz. Somos seres de Dios. No somos todo lo que es Dios, pero seguimos siendo aspectos o imágenes suyas. Y si somos aspectos de Dios y estamos conectados con Dios, también debemos tener sus poderes y atributos creadores. Creer que estamos separados de Dios o que no somos tan buenos como Dios es una simple ilusión derivada de nuestras falsas creencias. Es imposible estar desconectados de la Fuente porque la Fuente está por todas partes. ¿Dónde podríamos estar que no estuviera Dios?

Empezamos a creer que estamos separados de Dios cuando creemos en el bien y el mal. Como Dios es bueno y nosotros no siempre lo somos, tendemos a creer que no somos lo que Dios es. Pero sólo podemos creer que tenemos un lado malo u «oscuro» si creemos que la luz viene de fuera de nosotros. Cuando una fuente de luz brilla sobre un objeto «externo», éste proyecta una sombra, creando la apariencia de que hay un lado oscuro. Sin embargo, cuando la fuente de luz viene del interior, no puede haber lado oscuro. ¿Dónde está el lado oscuro del Sol? Dios está dentro de nosotros y a nuestro alrededor. La fuente de luz está dentro de nosotros; sólo tenemos un lado oscuro en nuestra imaginación. Si dejamos de juzgarnos a nosotros mismos y a los demás como «malos» o «distintos de Dios», quizá recordemos nuestra verdadera divinidad y liberemos el poder creativo que es Dios en nosotros.

Dios es un Creador. Nosotros estamos creados a su imagen y también somos creadores. Creamos nuestra propia experiencia de vida, nuestro propio «drama existencial», pero lo hemos olvidado. Nos apegamos tanto a la ilusión que produce nuestro propio drama que olvidamos que somos sus creadores. Cuando estamos en estado de sueño, todo nos parece real; no sabemos que estamos soñando hasta que despertamos. Lo mismo se puede decir de nuestro estado de vigilia: mientras estamos despiertos, todo nos parece real. Experimentamos cada estado de conciencia como la única realidad existente mientras nosotros estamos dentro de ella. Hasta que pasamos del sueño a la vigilia nuestros sueños no se revelan como ilusión. ¿Qué se nos revelará sobre nuestro estado de vigilia cuando pasemos a otro estado de conciencia?

Lo único real, la única cosa que nos recuerda que hemos alcanzado un estado de conciencia elevado es la presencia de Dios. Todo lo demás es una ilusión temporal de nuestra mente. Empleamos la mente para experimentar con la capacidad de crear. Creamos y percibimos nuestras creaciones, pero hemos olvidado quiénes somos en realidad; hemos olvidado que somos creadores, que nuestros pensamientos y sentimientos tienen el poder de crear. Hemos creído ser menos de lo que somos durante demasiado tiempo, hemos creído que no somos seres poderosos, amorosos, magníficos y mágicos.

Ahora estamos en el proceso de redefinir lo que significa ser humanos. Creo que estamos en el proceso de despertar y recordar nuestra divinidad, de hacernos creadores conscientes. La mejor manera de descartar las creencias que nos limitan es recordar quiénes somos realmente. Éste es el atajo hacia la felicidad y la plenitud.

Muchos maestros espirituales han tratado de recordarnos nuestra divinidad. Un maestro, al que conocemos como Jesús, nos recordó nuestra verdadera naturaleza: «El que me ha visto a mí, ha visto a mi Padre». Nos dijo que él era el hijo de Dios y que nosotros somos sus hermanos, lo que también nos hace hijos de Dios. Afirmó que podríamos obrar los mismos prodigios que él. Él pudo ver a través de la ilusión de la enfermedad, la ceguera y la imperfección, percibiendo la verdadera naturaleza divina de totalidad y perfección en cada uno. Su comprensión de la verdad más allá del velo de la ilusión ayudó a otros a disolver sus ilusiones y a curarse inmediatamente.

Jesús también nos enseñó que la muerte es una ilusión sin poder sobre nosotros: probó que somos luz al transformarse en luz delante de numerosos testigos. Pero en lugar de creer que Cristo vino a recordarnos quiénes somos realmente, la gente pensó que sólo él era Dios. Cristo no dijo: «Adoradme», sino «seguidme y os mostraré la verdad de la vida. Os mostraré el camino. Podéis hacer lo que yo hago».

Cristo vino a liberarnos de nuestros miedos, a liberarnos de nuestras creencias en las pesadillas que nosotros mismos creamos; vino a «salvarnos» de nosotros mismos, de quedarnos atrapados en nuestro dolor y en nuestras ilusiones. No enseñó dogmas sino que se dedicó a demostrar que era un ser divino. Mostró a través del ejemplo que la verdadera divinidad es amorosa, compasiva, imparcial, poderosa y mágica. Los juicios, reglas y dogmas limitantes que nos imponemos nos impiden tomar conciencia de nuestra divinidad.

Mientras estemos vivos, lo mejor que podemos hacer es disfrutar de la vida. ¿Por qué no crear lo que elegimos experimentar y disfrutar de nuestras creaciones? ¿Por qué no convertimos en creadores conscientes en nuestro estado de vigilia? Luchamos con la vida cuando olvidamos que tenemos el poder de crearnos la vida que queramos. Si acallamos nuestro diálogo interno podremos oír la voz de nuestro yo interno que sabe quiénes somos en realidad, que conoce nuestro poder y nuestra conexión con la Fuente.

Si queremos crearnos una vida nueva podemos hacerlo en cualquier momento. Si deseamos una nueva experiencia podemos confiar en nuestro deseo. No tenemos por qué juzgarlo. El deseo es el principio de toda creación, es la Inteligencia Universal eligiendo qué crear a continuación; es simplemente un aspecto de Dios que desea tener esa experiencia. Tenemos un deseo intrínseco de crear, experimentar y expandir nuestro potencial, pero limitamos nuestros impulsos naturales y los impulsos de la vida en general de crecer y expandirse, diciéndonos a nosotros mismos que eso no es posible, seguro o sabio. Si todas las cosas son en último término Dios o la Fuente, ¿por qué limitarnos o, lo que es lo mismo, por qué juzgar a Dios?

El planeta Tierra no es un lugar de castigo o que tengamos que tolerar hasta que podamos cosechar nuestra recompensa en otro lugar mejor. Ser humanos no es una forma inferior de existencia de la que debemos escapar del modo que sea; tampoco tenemos que luchar para «volver a casa», a la Fuente. Nunca hemos estado separados de esa Fuente, excepto en nuestra imaginación; siempre hemos estado unidos a Dios.

Si reconocemos nuestra conexión con Dios, la Fuente de toda creación, la vida puede convertirse en un hermoso campo de juegos. La vida puede volverse más ligera, fácil y divertida. Cuando recordamos quiénes somos, cuando dominamos nuestros pensamientos y creencias, nos convertimos en creadores conscientes. Simplemente disfrutamos de la experiencia de crear, sabiendo que la única realidad es Dios, nuestra Fuente y Creador, que ama y crea.

COLECCIÓN AUTOAYUDA

Tú decides tu vida
Patricia Diane Cota-Robles

Ahora es el momento de tomar las riendas de tu vida. Tú tienes talentos, cualidades, capacidades especiales y dones únicos que ningún otro ser humano sobre la Tierra posee. Si deseas desarrollarlos y alcanzar la paz interior, la armonía, el control de tu vida y el éxito más allá de tus mayores expectativas, este libro es para ti.

Autoestima
Virginia Satir

Autoestima es una declaración de la propia dignidad, un reencuentro y un abrazo interno para la persona que busca afirmar su identidad. En ninguna otra obra se ha dirigido la doctora Satir al ser humano de forma más elocuente que en esta obra, un sencillo poema, breve en extensión pero inmenso en su sabiduría, que expresa inmejorablemente ese tesoro inagotable que hay dentro de ti.

Aprende a quererte
Sharon Wegscheider-Cruse

Este libro es una travesía hacia la verdadera autovaloración, aquella que surge de la comprensión de todo lo que nos aleja de nosotros mismos. En él la autora nos muestra nuevas perspectivas que nos enseñan a aumentar nuestra autoestima y, de este modo, establecer las bases de una existencia feliz.

Autodesarrollo y plenitud personal
David Sheinkin

El doctor Sheinkin, un reconocido psiquiatra experto en terapias alternativas y en la sabiduría oriental, sintetiza en esta obra lo mejor de la psicoterapia occidental y de las prácticas psicofísicas orientales, aportando las claves y las técnicas más efectivas para lograr la plenitud y la felicidad.

Convivir con el cambio
Ursula Markham

Esta activa y simpática guía describe fórmulas prácticas de manejar los cambios que la vida nos depara: un despido, un cambio de casa, el matrimonio, un accidente, una crisis o el envejecimiento. Desde un enfoque positivo y plenamente útil, muestra que siempre es posible sacar provecho del cambio, aprender algo en el proceso de afrontarlo y disminuir al mínimo sus eventuales efectos perniciosos.

La hija del héroe
Maureen Murdock

La imagen del padre ejerce una influencia decisiva en las mujeres al punto de que, inconscientemente, penamos intentando ser esa mujer capaz de emularle o que le agradará. La imagen de ese héroe se interpone en nuestras relaciones y nos aleja de nosotras mismas llenándonos de sufrimiento. Esta obra invita a sanar nuestras heridas y a construirnos nuevos futuros claramente femeninos.

El hombre multiorgásmico
Mantak Chia & Douglas Abrams Arava

Cualquier hombre puede experimentar orgasmos múltiples e incrementar espectacularmente su capacidad sexual con sólo aprender unas simples técnicas. Y lo mejor de todo: *El hombre multiorgásmico* revela los secretos que te permitirán tener el mejor sexo de tu vida.

Entra en la magia de la vida
Gill Edwards

Ha llegado el momento de revisar nuestros viejos enfoques y despertar a una visión más amplia de la realidad. Esta magnífica obra revela que la vida es mágica y que tenemos maravillosas posibilidades a nuestro alcance. Con ella descubriremos recursos que ignorábamos tener y aprenderemos multitud de prácticas maneras de emplearlos en nuestro propio beneficio.

Tu sexto sentido
Belleruth Naparstek

Tu sexto sentido trata sobre cómo reconocer, cultivar y dirigir ese don natural con el que todos hemos nacido, algo tan nuestro y común como lo son nuestros ojos, lengua, oídos y piel. Basándose en datos científicos, así como en su propia experiencia, la psicoterapeuta Belleruth Naparstek muestra cómo despertar nuestros poderes latentes de conciencia y percepción.

Cómo desarrollar la autoestima en niños y adolescentes
Gael Lindenfield

Alimentando la autoestima en los niños se les facilita el desarrollo de su capacidad de autoafirmación, de su personalidad y de sus cualidades. En esta excelente obra, Gael Lindenfield aporta consejos alentadores y pautas prácticas para explicarnos: qué lenguaje y actitudes emplear para que tu hijo aprenda a confiar en sí mismo, cómo enseñarle a comunicarse, a expresar sus sentimientos y otras valiosas habilidades sociales.

Exceso de equipaje
Judith Sills

¡No hay nada más difícil que verse la viga en el ojo! Pero con esta guía práctica descubrirás esos puntos ciegos que tantas dificultades te ocasionan y aprenderás a librarte del exceso de equipaje.

El poder del pensamiento negativo
Tony Humphreys

Una obra única y revolucionaria con la que aprenderás a identificar tus actitudes y aspectos aparentemente «negativos», a comprender su función como útiles y poderosas herramientas de protección, a utilizarlos beneficiosamente para comprender tus partes vulnerables y a reorientar toda la energía que inviertes en ellos para reutilizarla como poder creativo y sanador.

Autoestima para niños y padres
Tony Humphreys

La clave para el éxito escolar y humano de tus hijos reside en la imagen que tienen de sí mismos y en la confianza en su propia valía. Esta valoración depende fundamentalmente de nosotros, pues somos el espejo donde se miran nuestros hijos. Esta obra enseña a desarrollar la autoestima tanto de los niños como de sus padres y a crear en el hogar un contexto de bienestar y seguridad emocional.

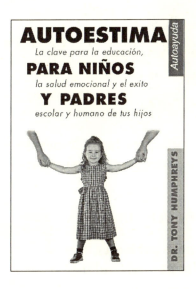

Despierta la luz curativa (vídeo)
Mantak & Maneewan Chia

Conjunto de dos videos que contiene completas y detalladas intrucciones para la práctica de la meditación orbital microcósmica, en la cual se fundamentan las más elevadas meditaciones y prácticas taoístas. Siguiendo estas sencillas meditaciones guiadas, experimentarás la circulación de la luz curativa (tu fuerza vital o chi) en su ascenso por tu columna vertebral y en su descenso por la parte anterior de tu cuerpo.

COLECCIÓN MEDICINA Y SALUD

VIVIR CON HEPATITIS C

**Guía completa para los afectados, sus familiares y educadores.
Lo último en medicinas y tratamientos**

DR. GREGORY T. EVERSON
(Director de Hepatología de la Universidad de Colorado
HEDY WEINBERG
(Escritora y paciente)

Una obra escrita para los millones de afectados que padecen esta enfermedad

VIVIR CON DIABETES

Guía para pacientes, sus familiares y educadores

JUAN JOSÉ MURILLO
Prólogo del Dr. Carlos Ferré Cabrero

Es una guía que proporciona toda la información que precisan los enfermos y quienes con ellos se relacionan (familiares y cuidadores, incluyendo una importante sección dedicada a padres de niños diabéticos).

Si deseas recibir información gratuita
sobre nuestras novedades

- Llámanos
  o
- Manda un fax
  o
- Manda un e-mail
  o
- Escribe
  o
- Recorta y envía esta página a:

 Neo Person

C/ Alquimia, 6
28933 Móstoles (Madrid)
Tel.: 91 617 08 67 / 91 614 58 49
Fax: 91 617 08 67
E-mail: alfaomega@sew.es - www.alfaomegadistribucion.com

Nombre: ....

Primer apellido: ....

Segundo apellido: ....

Domicilio: ....

Código Postal: ....

Población: ....

País: ....

Teléfono: ....

Fax: ....

Haz tus sueños realidad